企业社会责任与公司治理

——概念重构、互动关系与嵌入机制

高汉祥　著

苏州大学出版社

图书在版编目(CIP)数据

企业社会责任与公司治理：概念重构、互动关系与嵌入机制/高汉祥著. —苏州：苏州大学出版社，2012.12

ISBN 978-7-5672-0391-4

Ⅰ.①企… Ⅱ.①高… Ⅲ.①企业责任－社会责任－研究②公司－企业管理－研究 Ⅳ.①F27

中国版本图书馆CIP数据核字(2012)第297602号

企业社会责任与公司治理

——概念重构、互动关系与嵌入机制

高汉祥 著

责任编辑 刘一霖 薛华强

苏州大学出版社出版发行
（地址：苏州市十梓街1号 邮编：215006）
南通印刷总厂有限公司印装
（地址：南通市通州经济开发区朝霞路180号 邮编：226300）

开本700 mm×1 000 mm 1/16 印张7.75 字数143千
2012年12月第1版 2012年12月第1次印刷
ISBN 978-7-5672-0391-4 定价：25.00元

苏州大学出版社营销部 电话：0512－65225020
苏州大学出版社网址 http://www.sudapress.com

◆目录◆

第一章 导 论

1.1 问题的提出与研究动机

社会责任是一个古老的话题,其思想渊源可以追溯到古希腊时代。亚里士多德曾提出“在一个治理很好的社会中,公民不能过着匠人或商人的生活,这样的生活毫无高尚可言,并且也有损于人格的完善”;亚当·斯密在《道德情操论》中曾提出在经济活动中应注意自利与利他的结合;在我国春秋时期也曾出现过著名的“义利之辨”(李淑英,2007)。这些古代先贤的论述反映了人们对于个人与社会、利益与道义的深刻关注与思考。然而,在人类文明的漫长发展历程中,社会责任主要针对个体与社会的关系而言,研究范围集中在个人应该对社会、对其他群体负担起怎样的责任和义务。随着人类社会进入资本主义时代,企业逐渐成了社会中一个举足轻重的组织,成为社会财富创造的主要力量,同时也为无数人提供了生存发展的舞台,在推动社会发展进步中起到了重要的作用。随着企业在社会中扮演着日益重要的角色,有关企业是否需要承担社会责任的问题就自然地摆到了学者、企业所有者、管理者以及政府、社会的面前。自从 20 世纪初开始,企业社会责任①开始成为一种重要的社会思潮而不断发展。然而企业社会责任思想的发展并非一帆风顺,从提出之初就受到了来自经济学、管理学等理论的激烈批评。在经典的经济学理论中,企业被界定为一个生产函数;在管理学理论中,企业以追求更高的效率为目标。因此,在主流理论的体系中都无法找到社会责任生存发展的空间。然而,来自社会的要求企业重视并承担社会责任的呼声和压力与日俱增,使得理论界以及企业自身都无法忽视。经过 20 世纪初伯利和多德以及 20 世纪 60 年代伯利

① 在有的文献中也称为公司社会责任,因为公司是现代企业的主要形式。本文在这里不做严格区分,企业社会责任与公司社会责任在本文中所指相同。

和曼尼两次主要的论战（沈洪涛、沈艺峰，2007），企业社会责任理论在艰难中成长，同时也取得了长足的发展，特别是随着20世纪90年代利益相关者理论的发展，企业社会责任理论已经取得了丰富的研究成果。

随着企业社会责任研究的推进，理论界开始把研究触角深入到企业的具体管理制度与活动中去。在企业的各种制度安排中，公司治理机制作为一种最为重要也最为基础的制度安排（张维迎，1996），是否需要对企业社会责任思想予以回应，是否需要将社会责任内容纳入到公司治理的理论和实践体系中去，以及如何应对来自企业外部日益高涨的社会责任运动的压力等，成了理论界迫切需要解决的问题。然而，由于传统理论框架的限制和对社会责任思想的质疑，目前来看，理论界对企业社会责任与公司治理这一问题并未给予足够的重视，主流的经济学、管理学、财务学等对企业社会责任问题仍然持保留态度，更多的是把社会责任作为一个社会问题、伦理道德问题来看待，并没有纳入经济学、管理学以及企业理论的研究体系。

理论研究本应源于实践、高于实践，并能指导实践，但当理论的发展落后于实践时，不仅无法指导实践活动，还可能造成实践上的矛盾和混乱，从而阻碍实践的发展。从对企业经营实践的影响来看，企业社会责任思想已经成为企业经营无法忽视的一种影响力量，并且很多企业已经在实践中在社会责任方面作出了回应。据润灵公益事业咨询（RLCCW）的监测，2010年沪深两市共有471家A股上市公司披露了社会责任报告或企业公民报告，反映了企业对社会责任的重视与回应。但企业社会责任理论研究落后于实践发展的现状，造成了企业在社会责任领域的迷茫和混乱。例如：有企业利用传统经济学、管理学的观点，固守企业利润最大化的目标，为其推卸社会责任、唯利是图的行为寻找借口；也有企业把社会责任作为幌子，一面进行慈善捐赠来博取公众美誉，另一面却通过污染环境、忽视劳动安全等来赚取高额利润，甚至部分企业出现"诈捐"事件，仅仅利用捐赠的新闻效应作为其获得社会关注的手段。在作为公司治理重要内容的信息披露工作上，我国企业社会责任报告披露的总体数量仍然偏低，报告的名称、篇幅差异较大，在报告质量上普遍存在不中肯、不可比、不准确、不及时、不清晰、不可靠等问题，总体质量有待提高（高文亮、张正勇，2011；陈政，2007；郭沛源等，2008；朱金凤、杨秀强，2008）。因此，企业在社会责任实践中的种种"乱象"正亟待通过理论的研究成果来进行规范和指导。

企业社会责任实践上的混乱和理论上的相对落后，使得加强理论研究成为一个非常迫切的任务，特别是应通过深入的基础研究澄清认识，为理论与实践的发展奠定坚实基础。其中有这样三个基本理论问题尤为突出：一是“是什么”，即对社会责任的概念进行明确界定和深入准确的理解。只有把握住社会责任概念的本质才能真正推动社会责任实践的发展，同时对公司治理概念的理解也应不断更新。二是“为什么”，即企业为什么应该承担并履行社会责任，在公司治理中为什么应嵌入社会责任的内容。三是“怎么办”，即企业应怎样履行社会责任，在公司治理中应怎样突破原有框架而嵌入社会责任内容。这三大基础理论问题的讨论对于企业社会责任与公司治理的实践和后续理论研究都具有重要意义。首先，只有从理论上论证企业必须承担并履行社会责任，才能使社会责任实践“师出有名”，才能有效回应逃避企业社会责任的种种借口。理论研究应为企业承担并履行社会责任提供坚实的理论基础。其次，理论研究还应为企业怎样承担并履行社会责任提供一个具体的行动方向，指导企业如何具体落实社会责任工作。本文拟针对企业社会责任与公司治理领域的基础理论问题，从价值创造的视角深入分析两者的互动关系，力图对上述三个基本理论问题进行深入分析，对企业社会责任与公司治理的理论研究和实践发展作出一定贡献。

1.2 研究价值与意义

本书的研究属于基础理论研究，对于企业社会责任与公司治理理论的进步与推动实践的发展，都具有重要的价值和意义。

首先，本书的研究将推动企业社会责任与公司治理理论的进一步发展。第一，本书的研究对于深刻认识企业社会责任概念具有重要意义。本书将企业社会责任纳入价值创造这一企业终极目标下进行考察，在价值创造过程与模式中分析社会责任要素在其中发挥的作用，突破了以往将社会责任作为外生因素强加到企业价值创造活动中的局限，对于正确认识企业社会责任概念具有重要的意义，而且能为企业承担并履行社会责任奠定坚实的理论基础。第二，本书的研究将推动公司治理理论的进一步发展。公司治理作为企业最重要的制度安排之一，对企业的健康发展具有重要意义。然而公司治理由于理论基础、研究视角的差异形成了不同的理论框架，不同框架间的争议将会限制公司治理实践的进一步发展。本书的研究将在价值创造导向下构建一个统一的公司治理理论框架，这一框架能够统一现有的几种主要公司治理导向，并能对现有公司治理理论进行拓展。第三，本研究将在企业社会责任与公司治理之间构建起内在的逻辑一致性。对于公司治理中是否需要嵌入企业社会责任的内容,理论界一直存在争论,本文将在价值创造导向下,为公司治理与企业社会责任的融合找到严格的内在统一性,为之奠定坚实的理论基础。

其次,本书的研究对于企业社会责任实践的发展具有重要意义。企业社会责任思想的提出已经有一个多世纪了,理论上的发展推动了企业社会责任实践的不断进步。然而由于理论发展的相对落后,对实践的种种乱象难以提供指导,其中制约实践发展的障碍主要体现在两个方面:一是企业对履行社会责任缺乏应有的主动性,往往用企业是经济组织、企业的核心任务是创造经济价值等作为理由回避社会责任的履行;二是企业在履行社会责任方面缺乏系统的指导,表现为把进行一些零散的社会责任行为作为履行社会责任,例如进行一次捐款或者为职工改善福利等,在履行社会责任上缺乏系统的行动方案。本书的研究试图突破企业在社会责任实践方面的这两个障碍,为企业社会责任实践解决"为什么"和"怎么办"这两大基础理论问题,将企业社会责任的基本理论与公司治理的操作框架融合起来,构建一个嵌入社会责任的公司治理结构,全面推动企业社会责任实践的发展。

1.3 研究方法

在现代学术研究方法论体系中,规范研究与实证研究是两大主要的研究方法,在企业社会责任与公司治理领域都已得到了广泛的应用。两种研究方法存在很多不同,规范研究侧重于回答"应该是什么"的问题,实证研究侧重于回答"实际是什么"的问题(张守一,2009)。规范研究方法侧重于通过逻辑分析,深入分析现象背后的规律,构建理论体系,形成理论命题。实证研究则侧重于借助统计学、计量经济学的工具,以各种调查统计、实验数据或实践案例为基础,对理论分析所提出的命题进行实证检验。两种研究方法本身并没有优劣之分,应根据研究对象、研究目的的不同来选择使用。

根据本书研究的主要对象和内容,核心是需要分析"是什么""为什么"和"怎么办"三大问题,着重于准确界定企业社会责任和公司治理是什么,并分析二者之间应该是什么样的关系,因此需要通过深入的概念分析和逻辑推理,构建严密的理论体系,为企业社会责任和公司治理的实践和后续研究提供坚实的理论基础。本书主要采用规范的理论分析方法,利用博弈论、经济分析等理论工具,通过概念界定、逻辑推理、模型分析等建立理论框架,得出基本的理论命题。在对相关具体明确的理论命题进行验证时,本书也采用了实证研究方法进行检验。

学术研究的方法论体系，除了可以分为规范和实证两大类以外，还可以分为个体主义和整体主义两大体系（朱富强，2009）。个体主义侧重于将复杂的系统分解为一个个独立的个体，然后针对个体展开研究，最后加总得到整体的认识。个体主义方法论的优势在于可以简化研究时的难度，在研究某一具体问题时排除其他因素的影响，从而可以在比较单纯的环境下展开研究，但是不足之处在于对研究问题缺乏整体把握，可能会造成不同研究部分之间的矛盾和冲突。整体主义研究方法则试图从宏观上分析研究对象，将研究对象的各个方面、各个要素纳入到一个统一的理论框架中展开分析，在增加了分析难度的同时，却能够获得对研究对象的整体、统一的理解和把握，避免了个体主义研究中常见的片面性问题。本书所要研究的是在价值创造导向下分析企业社会责任与公司治理问题，涵盖企业价值创造的全过程，涉及价值创造的过程、要素以及企业最重要的制度安排——公司治理，需要从整体上进行理论分析和构建，因此，本书主要采用整体主义分析方法。

在理论工具的应用方面，本书主要利用制度经济学、制度财务学、契约理论、企业社会责任理论、公司治理理论、利益相关者理论等基础理论的研究成果及其分析思路与分析工具，将其应用于价值创造导向下的企业社会责任与公司治理研究中。

1.4 文章结构与思路

根据研究内容，本书的文章结构主要分为四大部分：第一部分为概念界定部分，第二部分为理论基础，第三部分讨论公司治理结构中为什么要嵌入企业社会责任的内容，第四部分讨论在公司治理结构中怎样嵌入企业社会责任的内容。这四大部分，形成了一个是什么—为什么—怎么办的分析思路，如图 1-1 所示。

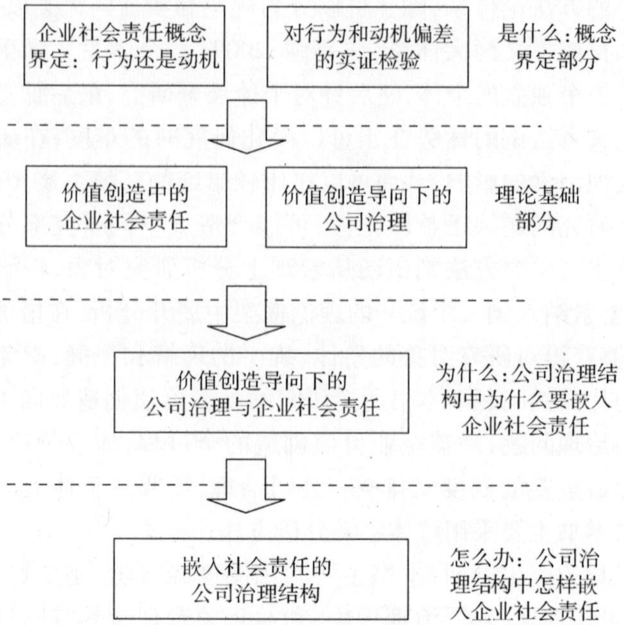

图 1-1　文章结构图

本书第一部分为概念界定部分，解决“是什么”的问题，对企业社会责任概念进行了重构与界定。在概念界定过程中，本书对社会责任的行为和动机进行了深入分析，指出行为可能与动机发生偏离，仅仅抓住行为特征进行概念界定可能会导致对概念的误解，同时本书还对这一偏离现象进行了实证检验。本书力图在对动机考察的基础上界定企业社会责任概念。总的来看，本书的第一部分“是什么”主要针对社会责任的概念以及公司治理的重构，重新界定和认识本书所要研究的两大对象——企业社会责任和公司治理，为后文的分析奠定坚实基础。

本书第二部分为理论基础部分。在概念界定的基础上，从价值创造导向出发为后面的分析奠定理论基础。第二部分包括第四、五章。第四章是价值创造中的企业社会责任，第五章是价值创造导向下的公司治理，分别对本书将要重点研究的两大对象即企业社会责任与公司治理，从价值创造导向出发进行分析，并为后文的研究奠定理论基础。其中第四章首先对企业价值创造目标进行深入分析，然后对企业的价值创造过程与模式进行归纳梳理，最后在此基础上分析企业社会责任在价值创造中所发挥的作用，并通过理论分析与实践案例进行论证。第五章首先对公司治理现有的股东保护、权力制衡、利益相关者导向三种导向进行梳理,然后在此基础上构架价值创造导向下的公司治理,并对三种公司治理导向进行统一。

本书的第三部分,即本书第六章,试图解决"为什么"的问题,针对在公司治理中为什么要嵌入企业社会责任问题进行分析。此章贯穿的分析思路是在价值创造导向下,对公司治理与企业社会责任两大问题进行理论溯源,并分析其发展演变历程,然后指出其融合发展是一个内在逻辑与外在环境决定的必然趋势,从而回答了"为什么"的问题。

本书的第四部分,即本书第七章,试图解决"怎么办"的问题,针对在公司治理中如何嵌入企业社会责任的问题进行分析。此章主要针对"怎么办"的问题进行分析,力图对在公司治理结构中如何嵌入企业社会责任的内容提供理论指导:首先对嵌入社会责任的公司治理进行整体定位,特别是对传统公司治理结构的超越与提升部分;然后分别从内部治理结构和外部治理结构两个方面分析了如何构建一个嵌入社会责任的公司治理结构。

1.5 可能的创新与贡献

企业社会责任与公司治理相融合的管理实践与理论研究都是近年来才出现的,实践上刚刚起步,理论研究也尚未成熟,总体来看这是一个交叉学科,研究空间很大但同时研究难度也较高。本书拟在价值创造视角下,将公司治理与企业社会责任统一到一个整体框架中,构建一个具有内在逻辑一致性的理论框架,同时对实践提出相应的指导建议。具体来看,本书的研究将可能在以下几个方面形成创新与贡献。

第一,对社会责任的概念进行更深入的界定。企业社会责任研究中,无法绕开但同时又是众说纷纭的一个问题就是社会责任概念,如果不厘清社会责任概念,则后续研究终难深入。本书归纳了现有社会责任概念界定的主要模式,指出现有的概念界定主要集中于行为(behavior)层面,而较少涉及动机(motivation)层面。尽管行为与动机大多数情况下应该一致,然而在企业社会责任行为中,却很可能出现行为与动机的偏离。因此,本书力图抓住动机来理解企业社会责任概念,并将企业社会责任界定为一种由责任动机形成的对企业各利益相关者采取的"负责任"的行为规则。这一概念界定在企业社会责任研究中是一种创新,同时这一概念界定也有助于从价值创造视角来全面认识企业社会责任。

第二,对企业社会责任行为与动机的偏离进行了实证检验。对于上市公司年报中关于捐赠的支出，本书的实证检验发现企业的捐赠行为背后除了慈善动机之外，还存在"迫于压力"与"另有所图"的动机。这一实证研究结论加深了对企业社会责任行为的认识，同时也佐证了本书基于动机来界定企业社会责任的必要性。

第三，对企业价值创造模式进行了分析。尽管理论界大多承认企业经营的目标是创造价值，然而对于什么是价值以及价值创造的基本流程这两个基础问题，仍然缺乏深入的研究。本书对哲学、经济学中关于价值的论述进行了全面梳理，在此基础上构建了全面理解"价值"概念的基本框架。同时，在价值概念的指导下，本书也对企业进行价值创造的基本流程进行了分解，这将有助于更准确地认识理解企业价值创造活动。

第四，对企业社会责任在价值创造中的作用进行了研究。本书把企业社会责任理解为一种行为方式与行为规则，从而为将企业社会责任纳入价值创造流程进行分析提供了可能。本书深入分析了企业社会责任在价值创造过程中的重要作用，同时也为企业履行社会责任奠定了坚实的理论基础。

第五，在价值创造视角下重新解读公司治理结构。公司治理研究文献浩如烟海，形成了不同的理论构建模式，包括股东导向、制衡导向、利益相关者导向等。本书在价值创造导向下，重新梳理和构建了公司治理结构，将公司治理结构理解为服务和服从于价值创造目标的一整套制度安排和机制设计体系。

第六，构建了嵌入企业社会责任的公司治理机制。对价值创造过程中企业社会责任作用的分析以及在价值创造导向下的公司治理结构的构建，为在公司治理结构中嵌入企业社会责任奠定了坚实的理论基础，并提供了严格的内在逻辑一致性。基于此，本书构建了一个嵌入企业社会责任的公司治理基本框架，并对公司治理实践提供了相关政策建议。

第二章　企业社会责任概念界定：行为还是动机

在企业社会责任的研究中，无法绕开同时又充满争议的一个基础理论问题就是社会责任概念的界定。由于社会责任概念的内涵和外延都非常广泛，涉及经济学、管理学、财务学、法学、社会学等诸多学科，涵盖慈善捐赠、环境保护、劳动保护、职工福利、消费者权益、商业诚信等诸多内容，导致对企业社会责任概念的界定众说纷纭，长期难以取得一致的意见。基于不同的概念界定将会形成不同的理论体系，概念界定对后续研究的开展起着基础性、全局性的影响，因此本书的研究首先从概念界定开始，解决企业社会责任"是什么"的问题。与传统的概念界定视角不同，本书将从行为还是动机这一视角观察企业社会责任，即在概念界定中是针对最终实际发生的经济行为来界定，还是针对导致行为的动机来界定。就企业社会责任而言，本章将分析社会责任行为与行为动机之间的关系，并力图抓住企业社会责任中最本质的特征来界定这一概念。

2.1　企业社会责任概念界定述评

自从社会责任思想提出以来，对于企业社会责任概念的界定就一直是讨论的重点，经济学、管理学、法学、伦理学等学科都对企业社会责任概念有过深入研究讨论，积累了丰富的研究文献。但同时由于各个学科视角的不同和社会责任概念本身的复杂性，在社会责任概念界定上一直没有一个公认的结论。归纳起来，在社会责任概念研究上目前取得的研究成果可以分为如下几个方面。

第一，基于企业社会责任概念界定中的不同侧重点，可以归纳为超越盈利说、超越股东说和社会互动说三大类。学者们从不同的视角出发，基于不同的侧重点，对企业社会责任提出了一些有代表性的定义，这一方面的文献数量非常丰富，可以归纳如下。

首先是超越盈利说,即在企业社会责任定义中,侧重于超越企业的经济目标即盈利目标,而同时追求公平、道德、伦理等社会目标。因为在新古典经济学的理论体系中,企业是生产函数,是经济组织,其目标就是最大限度地创造利润,而企业责任概念则是对传统经济理论的一种突破。基于对盈利目标的突破,形成了一系列企业社会责任的概念界定。Davis(1960)认为,企业社会责任意味着企业家的决策和行为,至少要部分地考虑企业直接的经济和技术利益以外的因素。Backman(1975)认为,社会责任通常指企业除了追求经济效益以外应关注的目标或动机。Daniel(2001)从法律和经济学的角度解构了CSR概念,将其分解为四个方面,即超越利润、超越正式法律条文、超越市场与社会责任之间的矛盾、超越传统经济学。李淑英(2007)指出,所谓企业社会责任,是指企业不能仅以利润最大化作为自己唯一存在的目的,而应该最大限度地增进和维护社会利益。但同时,对盈利的超越并不意味着对盈利的否定,企业社会责任强调股东利润最大化不是无条件的,而是必须附上先决条件,这个先决条件就是社会利益。企业社会责任是对企业在利润最大化目标之外所负义务的概括或表达(马力、齐善鸿,2005)。

其次是超越股东说。超越股东说是指在企业社会责任的定义中,强调企业并不仅仅为股东的利益考虑,而应同时考虑诸多利益相关者的利益。这种定义思路同样也是对传统经济理论的突破。在新古典经济学中,企业就是股东的,是股东创立并用来盈利的工具,企业的剩余收益和剩余控制权都归属于股东,因而企业只需要对股东的利益负责任。而企业社会责任理论则对这一点进行突破,在回答"企业是谁的"这个基本问题时给出了截然不同的答案,认为企业应是属于利益相关者的,应为利益相关者服务,并进而基于这一点对企业社会责任概念进行界定。Johnson(1971)认为,一个有社会责任的企业就是管理人员能够平衡各种利益需求的企业,一个有社会责任的企业不是仅仅为其股东追求更多的利润,而应考虑国家、当地社区、员工、供应商和经销商的利益。Elaine Sternberg(2009)认为,不应将社会责任理解为与股东利益相冲突,而应超越股东利益的局限。Jones(1980)将企业社会责任定义为除了股东外,企业对社会中的相关团体负有法律和工会合同描述以外的责任。刘俊海(1999)认为,所谓公司社会责任,是指公司不能仅仅以最大限度地为股东们营利或赚钱作为自己的唯一存在目的,而应当最大限度地增进股东之外的其他所有社会利益。卢代富(2001)在细密梳理和回应传统的企业主流理论的基础上,指出"所谓企业社会责任,乃指企业在谋求股东利润最大化之外所负有的维护和增进社会利益的义务"。曾小青、张恭杰(2009)认为,企业社会责任是公司与各利益相关者之间利益和责任关系的体现。

再次是社会互动说，该定义思路侧重于从企业与社会的互动关系出发。主流经济学理论采取个体主义研究方法论，把企业作为一个单独的个体对其行为进行独立研究，为了研究方便而忽略了企业与社会环境的联系，仅仅把企业作为一个经济组织来分析，这样的研究思路大大降低了研究过程的复杂性和不确定性，但同时也造成了"社会嵌入不足"的问题(Granovetter,1992)，特别是对企业与社会环境之间关系的忽视影响了对企业的全面理解。基于对传统经济学中"社会嵌入不足"的突破，从企业与社会环境之间的互动关系出发，也形成了一系列企业社会责任的概念界定。例如：Gordon(1976)认为企业社会责任是解决由企业活动引发的全部或部分社会问题的责任或义务；Griffin(1997)认为CSR(企业社会责任)是指组织针对位居其中的运作的社会，为了保护和强化该社会所必须善尽的一套义务；Porter & Kramer(2002)提出应从一个更广阔的企业与社会关系的视角出发理解企业社会责任，企业与社会必须从相互依存的角度去考虑对方；陈宏辉、贾生华(2003)通过综合社会契约概念，将企业社会责任与企业利益相关者的要求紧密联系在一起，并从这一角度来界定企业社会责任概念。

对于不同侧重点的归纳如表2-1所示。

表2-1 社会责任概念界定侧重点归纳

概念界定侧重点	代表学者	核心观点
超越盈利说	Davis (1960); Backman (1975); 李淑英(2007); 马力、齐善鸿,(2005)	企业社会责任要求企业不仅仅关注盈利目标，而应关注除盈利目标以外的更广泛的社会目标
超越股东说	Johnson (1971); Jones (1980); 刘俊海(1999); 卢代富(2001); 曾小青、张恭杰(2009)	企业不仅仅为股东的利益而服务，同时应考虑到除了股东以外的广泛的各种利益相关者的利益，并为之服务
社会互动说	Gordon (1976); Griffin (1997); Porter & Kramer (2002); 陈宏辉、贾生华(2003)	企业不仅是一个经济组织，同时也是一个社会组织，在一个特定的、具体的社会环境中经营，因此必须实现社会对其的期待和要求，实现与社会的良性互动

第二，企业社会责任概念的多维度界定。由于企业社会责任概念内涵丰富，从上文的综述可以看出，概念中包含了对盈利的超越、对股东的超越以及对企业经济组织性质的超越等，因此很多学者认为对企业社会责任概念的界定已经不再是一种单一表述可以涵盖的，而是需要通过一个多维度的概念界

定模式来表述。其基本思路是,企业社会责任内涵丰富,既包括经济责任又不仅仅限于经济责任,既有对股东的关注又不仅仅局限于对股东的关注,因而只有通过一种多维度的表述才能构建企业社会责任的概念体系。

Carroll 提出的著名的社会责任体系分为经济责任、法律责任、伦理责任和自愿责任,形成了一个从低到高的金字塔形责任体系,如图 2-1 所示。与金字塔形不同,恩德勒把企业的经济责任、社会责任、环境责任放在了同一个层面,用同心圆概括了他的理论模型,称之为"恩德勒同心圆"(乔治·恩德勒,2002)。如图 2-2 所示,三个同心圆由内到外表示由低到高三个层次的道德要求,分别用 1、2、3 表示。图 1 所代表的企业较好地履行了经济责任,但对社会责任和环境责任的履行不足;图 2 所代表的企业同时较好地履行了经济责任、社会责任和环境责任。

陈迅、韩亚琴(2005)构建了一个企业社会责任分级模型:一是"基本企业社会责任",包括对股东负责、善待员工;二是"中级企业社会责任",包括对消费者负责、服从政府领导、搞好与社区的关系以及保护环境;三是"高级企业社会责任",包括积极慈善捐助、热心公益事业。

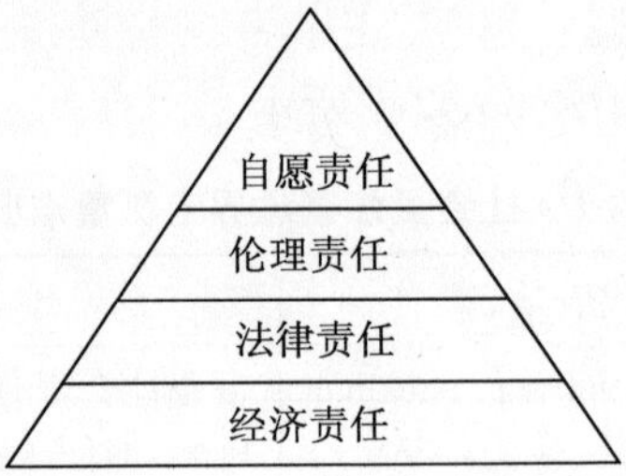

图 2-1　卡罗尔的金字塔形社会责任体系

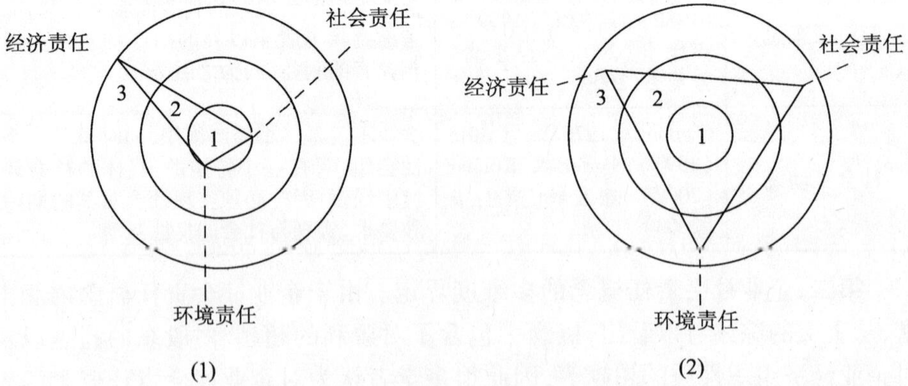

图 2-2　恩德勒的同心圆概念体系

徐尚昆、杨汝岱(2007)通过调查问卷,归纳了中国企业社会责任概念的九个维度,包括经济责任、法律责任、环境保护、客户导向、以人为本、公益事业,以及三个中国特有的维度——就业、商业道德、社会稳定与进步。徐、杨的文献还归纳了西方文献归纳出的社会责任维度,包括经济责任、法律责任、环境保护、顾客至上、股东利益、员工发展、平等和慈善捐赠。

第三,企业社会责任概念也在不断发展中,从对企业社会责任的论战,到社会回应、社会表现、社会公民等(沈洪涛、沈艺峰,2007),社会责任概念得到了不断丰富与发展。

20 世纪初,伯利和多德对企业社会责任问题展开了论战,讨论的核心问题就是管理者作为受托人,究竟是仅对股东承担受托责任,还是需要对公司的所有利益要求人承担责任;到了 20 世纪 60 年代,伯利和曼尼针对现代公司的作用又展开了一次论战,其核心就是现代公司是否应承担起社会责任。这两次论战没有对企业社会责任理论取得一致意见,但使得社会责任理论引起了更多的关注,并且将对社会责任的讨论进一步引向深入。1953 年鲍恩出版《商人的社会责任》一书,正式提出了企业社会责任概念。鲍恩指出,商人具有按照社会的目标和价值观去确定政策、作出决策和采取行动的义务。同时,鲍恩提出了社会责任的三大原则:一是承担社会责任的主体是现代大公司,二是企业社会责任的实施者是管理层,三是公司社会责任的自愿原则。这三大原则为后续的社会责任研究构建了一个基本理论框架。20 世纪 70 年代以后,企业与社会的关系成为理论界关注的重点,在社会责任概念界定上也就开始侧重于社会期待、社会回应、社会绩效等方面。Frederick(1994)认为,公司社会回应是企业与社会领域研究的"第二个阶段",可以替代充满争议的社会责任概念。20 世纪 80 年代,公司社会表现成为了企业社会责任概念的主要内容。Wartick & Cochran(1985)将公司社会表现定义为:公司社会表现反映了公司社会责任准则、社会回应过程和用于解决社会问题的政策之间的相互根本作用。这一定义反映了社会责任思想不再仅仅是被动地关注社会回应,而是开始主动地对公司社会表现进行管理。进入 21 世纪以来,企业公民成为了社会责任概念发展的新形式。沈洪涛(2006)指出,公司公民将成为 21 世纪企业社会责任思想的主流,并对公司公民概念进行了阐释,认为公司公民这一概念最大的贡献在于引入了"公民"理念,重新审视了公司的地位和作用这一重要命题,直接触及了公司与社会关系(或公司在社会中的地位)的本质问题。Van Lujik(2001)认为,公司公民这一概念明确了公司在社会中的确切位置,公司在社会中与其他"公民"相邻,公司与其他公民一起组成了社区。Valor(2005)认为,公司公民通过在公司社会表现的框架内将公司社会责任与利益相关者管理整合在一起,克服了公司社会责任在运作和实施上的困难。

现有的企业社会责任概念研究,从不同的视角对企业社会责任进行了分析,并关注到了企业这一组织的社会性方面,加深了对企业社会责任的理解和认识,推动了企业社会责任理论的发展。但同时,现有的概念研究中对社会责任背后的动机存在一定的忽视,过于关注社会责任的行为本身,这一缺陷成为我们需要继续深入分析的切入点。具体来看,现有概念界定上的不足之处表现在如下两个方面。

第一,现有的概念界定基本都集中在对现象的归纳上,缺少对社会责任本质的触及。现有的社会责任概念界定,无论是对盈利的超越或对股东的超越,还是从多维度进行观察,大多是把社会责任界定为一种义务、责任,表现为一系列的活动以及对这些活动进行分层表述。然而,归纳法最大的缺陷就在于无法完全穷究所有的现象,而且从现象到本质还有一定的差距,仅仅抓住现象未必就能看清本质。如果对社会责任的定义局限于现象而忽视了导致现象的动机,就难以准确理解社会责任概念。例如,有的企业一方面违规经营,但另外一方面又大举进行慈善捐赠来提高社会知名度,这样的企业是否真正履行了社会责任呢?以社会责任作为借口掩盖企业的违规行为,会有损社会责任行为的公信力,引起公众对社会责任行为的质疑和迷惑。因此,在理论研究中需要透过一系列社会责任行动来抓住隐藏在其背后的本质,从本质出发界定社会责任才能真正理解社会责任。

第二,社会责任概念的演变发展体现了企业与社会的互动关系,却忽视了社会责任在企业内部所发挥的作用。从社会期待、社会表现、社会回应和社会公民这一系列的发展,我们看到学者们关注到了企业与社会的互动,认识到了企业不仅仅是一个经济组织,同时也是社会的一部分,其经营行为离不开社会的影响,因此从企业与社会的互动关系方面对企业社会责任展开了研究。但是,这样的研究思路忽视了社会责任在企业经营管理活动中的作用,没有将社会责任内生到企业经营活动中,而是将社会责任作为一种从社会角度提出的义务强加到企业上面,这样的认识是不够全面的,同时也导致了主流经济管理理论对企业社会责任的排斥,更可能导致企业在社会责任实践中的盲目和混乱。

2.2 企业社会责任概念：基于动机的分析

2.2.1 动机与行为的一般规律

动机与行为是对个体或组织行为的分解描述，心理学、教育学、组织行为学等曾对此展开过深入研究，对其一般规律形成了比较公认的结论，主要观点可以归纳如下：

第一，需求产生动机。需求是一切动机的基础，马斯洛、阿尔德夫、默里等曾对需求进行过深入研究，提出了各自的需求理论，其中比较一致的观点是需求是动机的基础，需求决定动机，特别是没有被满足的需要，更容易形成强烈的动机，从而推动行为的发生。

第二，动机导致行为的发生，动机支配行为。动机是激发、维持和调节人们从事某种活动，并引导活动指向一定目标的内部原因或动力（Pintrich & Schunk，1996）。但是动机往往处于隐藏状态，无法直接观察，只能根据所表现的行为来推测其背后导致这些行为的动机是什么。

第三，动机与行为之间存在因果关系，但并不绝对一一对应。一般来说，动机引发行为，行为是动机的结果，动机与行为之间存在因果关系，什么样的动机决定了什么样的结果，但由于动机具有不可观察性，因此理论上只能从行为来推测其背后的动机。事实上，动机与行为之间的关系受到诸多因素的影响，特别是在行为实施过程中诸多因素会影响行为的结果（Terence R. Mitchell，1982），因而常常会出现好心办坏事的现象，同时也会出现利用“善”的行为来掩盖其“恶”的动机的现象（吴奎彬，2002）。

因此，对于事实上表现出来的某种行为，不能简单推测其背后的动机一定与其行为一致，而应透过现象看本质，努力从动机层面探究行为的真实意图。对于社会责任行为，也需要从行为背后的动机来理解，才能准确把握社会责任这一概念。

2.2.2 企业社会责任的概念界定

企业社会责任行为非常复杂，行为与动机之间的对应关系也绝非是一一对应的因果关系，如前文所述，现实中存在利用社会责任作秀的例子，所以并不能简单认为社会责任行为的发生就一定是基于履行社会责任的动机。对于社会责任概念的界定不应仅仅局限于对各种社会责任行为的归纳，不能简单认为企业表现出相关社会责任行为就是履行了社会责任，而应透过行为去观察动机，从动机出发来界定社会责任概念。

对社会责任概念的界定是社会责任理论研究中的一个基础性问题，同时也是影响社会责任研究范围与研究方向的关键性问题。在现有的研究成果基础上，本书试图继续把研究推向深入，利用契约理论的思路与方法，从社会责任的本质特征出发来界定社会责任概念，同时也为后续的社会责任研究奠定坚实基础。

企业社会责任概念，综合现有的研究文献可以发现，往往是将其定性为企业的一项义务，一项超越盈利目标的更高要求，表现为企业的一系列具体行为，例如环保、捐赠、消费者保护等行为，对这些行为进行归纳综合，构建出一个分层次的行为系统。然而这样的概念界定抓住了行为却忽视了动机，因此难以准确理解企业社会责任概念，难以对社会责任活动进行有效的指导。

本书对社会责任的界定则试图透过一系列纷繁复杂的社会责任行为去了解这些行为背后的规律，如前文所述，任何一种行为都是由动机引发的，并按照法律、道德、社会等认可的规则进行，因此，引发行为的根源是动机，这一动机又通过各种行为规则最终使得行为真正发生，并指导着行为的进行。企业作为社会与市场中的一个组织，从事生产经营活动必须是按照一定的行为规则进行的，而企业表现出来的一系列活动，正是在这些行为规则指导下产生的结果。虽然行为动机是无法直接观察的，但是行为规则却是可以观察并直接研究的。这些行为规则，在契约理论的视野里，被抽象为一组一组的契约，有显性的也有隐性的，有强制的也有自愿的，在处理契约关系时，各个参与主体的行为规则对于契约的签订、执行、效率、效果等至关重要。企业因此可以被看成是嵌入在一个契约网络中的组织。陈宏辉、贾生华(2003)认为，企业处于一个社会综合契约中，其行为也必须遵循各种契约要求，最明显的比如各项法律法规，法律规范了企业在经营活动中与其他主体之间的关系，如果违反法律，则要受到相应的制裁。因此，本书对企业社会责任的理解将力图在行为本身的层面上再进一步，紧紧扣住比行为本身更为基础的行为规则，利用契约理论工具来界定企业社会责任概念。

那么作为表现为社会责任的一系列行为，如环保、慈善等，其背后有着怎样的动机，又是在怎样一种行为规则的指导下发生的呢？这一点正是探究社会责任本源时需要认真回答的。在社会责任概念的界定中，我们也试图沿着这一思路去探究社会责任行为背后的动机与行为规则。

根据契约理论，在显性契约以及契约可以明确规范的部分，企业的行为可以由明确的契约条款来进行规范和约束，如市场规则和法律规章等，一旦出现违约的情况也可以明确判断，有效维护契约各方的权利与义务关系，或者借助第三方力量进行裁决与纠正。然而在契约未能明确规范的地方以及隐性契约中，现有的市场规则与法律体系很难对企业的行为进行有效的制约与引导，企业行为的自由度也比较大。因此这一领域，本书认为应该是社会责任需要发挥作用的空间，因为责任是对人与人之间关系的一种反映（于光远，1990），进而演变成对行为的一种规范，而社会责任应该是指导企业在契约不完全的部分以及隐性契约部分行为的一种行为规则，具体的就是企业在对于契约不完全部分的执行以及隐性契约的处理上，不是采取利已的机会主义动机，而是从长远利益和整体利益出发，采取带有利他主义倾向的行为规则。

综上所述，本书中对企业社会责任概念的完整明确表述是：企业社会责任是企业在经营活动中遵循的一种行为规则，是在契约不完全情况下以及处理隐性契约关系时，不是采取自利的经济人规则和机会主义行为方式，而是从长远利益和整体利益出发，本着对利益相关者负责任的态度，采取带有一定程度的利他主义倾向的合作行为方式。

在这里，广义的社会责任指企业对各种间接利益相关者以及直接利益相关者在隐性契约或契约不完全方面，采取负责任的合作态度处理相互关系；狭义的社会责任则特指企业在处理与外部间接利益相关者的关系上，采取负责任的合作态度处理相互关系。广义的企业社会责任同时包括对企业内部和外部的利益相关者采取负责任的态度，比如关心劳动者的安全福利、心理需求等，为管理者提供有效的晋升渠道，维护稳定的投资者关系等；而狭义的企业社会责任表现为企业在处理与外部社会利益相关方的关系时采取负责任的态度，比如环境保护、关心社会公益事业、重视消费者权益、关注产品安全隐患等。对于广义、狭义企业社会责任的概念区分，以及与企业所处的显性/隐性契约状态的关系，可以用图 2-3 表示。企业在隐性/不完全契约状态下，处理与内外部利益相关者的关系，应遵循企业社会责任行为方式，而在显性/完全契约状态下，是按照企业规章、市场规则以及法律法规的要求来规范其行为的。

	企业处理与内部利益相关者关系	企业处理与外部利益相关者关系
隐性/不完全契约状态下	广义社会责任	狭义社会责任
显性/完全契约状态下	企业规章/相关法律	市场规则/相关法律

图 2-3　广义与狭义企业社会责任概念

本书把社会责任概念界定为一种行为规则，是基于契约理论，针对社会责任的动机与本质而进行的界定。这一基于契约理论的社会责任概念界定具体可以从以下几个方面进行理解。

第一,社会责任的本质是指导企业行为的一种规则。企业在市场中会发生各种各样的经营行为,在这些行为背后更为本质的是行为的动机和规则,因为动机和规则决定着行为的发生。在传统的社会责任概念界定中,往往是集中于社会责任的各种具体行为,如捐资助学、环保投入、消费者保护、员工福利等,然而,责任并不仅仅表现为行动本身,更是一种行为方式。心理学者况志华、叶浩生(2007)指出,责任是成熟个体对于特定文化条件下的法律法规、伦理道德、政策制度、行为规范等社会规定内化而来的心理和行为方式。基于此,本书认为社会责任的本质并不仅仅是一系列外在的、可观察到的行动,更核心的是支撑这一系列行动的指导思想和行为规则,是一种以负责任的态度指导企业经营管理的行为准则,是处理企业与其主要利益相关者的准则,是企业处理与社会环境、自然环境等关系的准则。按照本书的概念界定,公司履行社会责任,也就是以社会责任作为规则处理企业的各种契约关系,尤其是对不完全契约与隐性契约的处理。

以行为规则和动机来界定社会责任:一方面,可以透过现象而抓住本质,避免因局限于行为本身而产生的矛盾分歧。例如,某些企业一边对员工劳动保护置之不理,一边又投入巨资进行慈善捐赠,这样的企业在传统的社会责任概念中到底能不能算是履行社会责任的企业,是难以回答的。如果从行为规则和动机的角度进行概念界定的话,这种行为其实并没有做到真正用一种对利益相关者负责任的态度来处理相互关系,甚至捐赠行为也是作为谋取其他不当利益的一种手段,因此并不能界定为履行了企业社会责任。另一方面,以行为规则和动机来界定,可以从过去以结果为导向转移到以过程为导向,这样不仅可以为分析企业社会责任在价值创造过程中的作用创造有利条件,还可以为企业社会责任的具体履行实施提供坚实的理论基础。以过程控制为导向的概念界定更有助于构建起一个有效的行动指南。

第二,社会责任是一种有别于纯粹市场规则的行为规则。在企业的经营管理活动中,需要遵守的行为规则有很多,其中最主要的就是市场规则。在市场经济体系中,各种经济主体要遵守的基本行为规则就是市场规则。市场规则这一概念内涵非常广泛,主要是指在市场经济活动中需要遵守的行为规则,比如公平交易、自由交易、遵纪守法、自由竞争等。在新古典经济学的世界里,完全竞争的市场是最有效率的,可以实现资源的最有效配置。基于完全竞争市场的理论假设,对市场中的经济主体和市场运行等提出了一系列的约束规则要求，这样就成了通行的市场经济规则的基础。具体来看，市场规则包含了自愿交易、公平交易、信息充分等内容，其基本导向就是效用最大化，各经济主体在自身效用最大化的指导下寻找交易对象、确定交易商品、谈判交易价格。在市场规则中，尽管每个参与主体的导向是个体效用最大化，但是在公平交易、信息完全等假设条件下，这样的交易行为最终却能实现整体的效用最大化，即经济学中所希望达到的“帕累托最优”这一目标。

社会责任作为一种规则约束，是一种与市场规则不同的规则，是从社会角度提出的一种行为规则。当企业作为一种经济组织时，必须按照市场的规则进行经营管理活动，如成本最小化、价值最大化要求。但企业又不单纯是一种经济组织，当企业作为一种社会组织时，必须遵循社会责任的规则来进行经营。在经营的过程中必须考虑到社会的要求、对社会的影响等。市场规则与社会责任最根本的区别在于，市场规则是建立在“经济人”假设基础上的，社会责任则是建立在“社会人”假设基础上的。市场规则认为经济主体的行为标准是个体利益最大化，默认行为主体会采取机会主义的行为，而社会责任则认为经济主体也会采取合作共赢的态度，采取一定的利他主义行为方式。与市场规则强调个体利益最大、遵守法规、自愿公平交易不同，社会责任强调的是用一种负责任的态度来经营企业与处理各种经济关系，即不采取损人利己的机会主义行为，采取合作而不是对立、以邻为壑的方式。

如果是在完美假设基础上，经济学理论早已证明完全竞争的市场规则可以实现最佳的资源配置，但关键是这一系列假设太严格，在实践中无法完全实现，因此市场规则并非是企业行为规则的全部，单纯依靠市场规则并不能足以使得经济社会达到最优，对企业的行为进行规范所需要的规则远远不是市场竞争规则就能完全胜任的。正如 Polanyi（1957）指出的，仅用市场规则来处理人和社会以及人与自然的关系，会带来毁灭性的后果。公司在社会中从事经营活动，必须同时关注公司治理、社会责任、商业伦理等方面，而不能仅仅在其中某一方面取得进步（Fassin et al.，2009）。在市场规则无法约束的领域，社会责任就应当成为一种引导和规范企业行为的规则，这是对市场规则的一种互补和完善。

第三，社会责任主要是针对契约的不完全部分以及隐性契约情况下的行为规则。按照契约理论，企业不仅其本身是由一组契约组成的，同时也是处于一个契约的网络中，契约是约束与引导企业行为的一种规则。但是契约并不都是能够完全并且明确地规定所有可能的情况，因此，存在契约不完全性以及隐性契约的情况（Williamson，1979；Klein，1980；Shavell，1980；Dye，1985；Grossman & Hart,1983;Hart & Moore,1990)。

在契约明确的情况下,有明确的行为标准与规定,将由各种法律法规、管理制度等来约束与引导企业行为,此时如果企业采取损人利己、以次充好、违反合约等行为谋取不当利益,将会受到法律制裁,企业行为规则可以依靠成文的法律制度来进行约束。而在契约不完全以及隐性契约的情况下,企业的行为很难用明确的标准来规范和要求,那么此时企业的行为标准到底是什么呢?在新制度经济学的理论中,认为经济人是有机会主义倾向的,在契约不完全以及隐性契约的情况下,会采用机会主义行为,即损害其他人的利益来实现自身利益的最大化,这一点在新制度经济学的代表性学者如威廉姆森等人的文章中已经有深入阐述。然而,尽管机会主义倾向是经济人很有可能实施的一种倾向,但是并不等于机会主义就是经济人采取的唯一可能的行为规则。首先,从经济学的基本假设来看,经济人假设并不等于损人利己,并不能与机会主义倾向画等号。经济人假设强调的是经济主体以个人私利最大化为行为目标,然而并没有强调实现个人私利是建立在损害他人利益的基础上的。其次,基于机会主义倾向进行制度设计符合效率原则,然而这并不能等同于承认机会主义倾向的合理性,如果将机会主义行为假定为经济人的必然行为方式,那么必然会导致制度没有约束到的地方成为损人利己行为泛滥的地方,长此以往必将有损经济社会的健康发展。因此,在契约不完全以及隐性契约的情况下,机会主义并不是唯一的行为方式,社会责任也可以是企业在明确法律条文规定之外企业可以选择的一种行为方式。履行社会责任的经济主体其行为方式会与机会主义截然相反,不是损人利己,而是合作共赢,这种行为方式在现有的理论文献中没有得到应有的重视,但实际上,其应与机会主义理论同等重要。对社会责任的促进与对机会主义的约束,是一个硬币的两面,是不可偏废的,因此,社会责任其实就是一种行为方式,是在不完全契约与隐性契约情况下的一种行为方式。举一个例子可以帮助理解本文所指的企业社会责任的定义:在近来频发的电话诈骗案例中,曾有银行职员在发现可疑汇款时,劝阻客户不要给陌生人汇款从而避免了损失,此时从显性规则的角度来看,银行完成此次汇款是完全符合规定的,即使这种汇款给客户造成了损失也无法追究银行的责任,但是银行员工从对客户利益负责的角度,提醒客户注意可疑电话、不要给陌生人汇款,这种行为符合本书所界定的企业社会责任概念,即采取一种对客户利益负责任的规则来处理每笔业务。

综上所述,社会责任其本质是指导企业行为的一种特殊的行为规则,这一规则与现有的市场规则、法律法规不同,是针对契约不完全以及隐性契约的情况,对企业行为的指导与规范。可以说,市场规则往往是对契约可明确部分的规定,而社会责任是对契约不完全部分以及隐性契约部分所做的约定,是对企业在这一部分行为所做的约束。这一约束尽管在很长时间内是一种软约束,但正在日益强化。

2.3 基于动机界定企业社会责任的理论优势

与现有的社会责任概念界定相比,本书的界定力图抓住社会责任的本质,厘清社会责任研究中因概念不清造成的困境,促进社会责任问题研究的规范性。本书提出以契约理论为基础的社会责任界定,在一定程度上能够解决上述问题,这样的概念界定其理论优势主要表现在以下两个方面。

第一,该定义实现了社会责任与价值创造的有机联系。传统的社会责任定义往往集中于社会责任的具体活动上,而这些具体活动更多地集中在企业的价值分配领域,表现为企业的一种额外负担,因此也就成为了主流经济管理理论对社会责任进行批评的一个重要原因。而事实上社会责任并不仅仅是企业的一种负担,而是贯穿于企业价值创造活动始终的一个要素,只不过在传统的概念界定中被局限在了价值分配阶段。本书将社会责任界定为一种指导企业行为的规则与动机。行为规则本身就是一种制度因素,制度因素在价值创造中的重要作用在现代制度经济学中已经有了深入的研究,这样就将对社会责任的认识拓展到了价值创造领域,一方面加深了对社会责任概念的认识,另一方面也为从财务学领域研究社会责任提供了广阔的研究空间,特别是为从价值创造视角下研究社会责任奠定了坚实的理论基础。

第二,该定义为利用新制度经济学分析工具研究社会责任问题提供了可能。新制度经济学是经济学中最活跃的领域之一,对利用经济理论解释各种社会经济现象作出了重要贡献,也为经济学研究提供了诸如博弈论、信息理论、契约理论等有效的研究工具。企业社会责任问题处于一个多学科交叉领域,管理学、社会学、经济学、财务学等或多或少地都涉及这一问题的研究,然而由于社会责任概念的界定一直争论不下,同时又因为长期受到主流经济学、管理学的批评,因此对企业社会责任领域的研究一直处于经济学、管理学、财务学研究的边缘,在研究方法上也以案例分析、概念分析等定性研究方法为主,或者利用社会责任指数、相关具体社会责任表现的数据进行实证研究,而难以利用新制度经济学的博弈论、契约论等工具进行深入研究。当我们从价值创造的角度认识企业社会责任,并将其界定为一种行为规则,而且是特别针对于不完全契约以及隐性契约情况下的行为规则时,就可以很自然地应用制度经济学的博弈论、契约理论的工具和模型,这将有可能把企业社会责任的研究向纵深推进。

2.4 本章小结

本章对社会责任概念进行了深入剖析,从行为和动机两个方面认识企业社会责任,指出不应仅仅局限于社会责任的行为层面来理解和界定社会责任概念,而应从引发行为的动机角度来把握概念。针对企业社会责任行为的动机,利用不完全契约理论的成果,本书将社会责任界定为一种行为方式,简单地说就是在契约不完全的情况下采取的一种对企业各个利益相关者负责任的行为方式,是与机会主义行为方式相对的。这样的概念界定抓住了社会责任的本质特征,并有助于全面准确地认识企业社会责任概念。

第三章 企业社会责任行为与动机的偏离：基于捐赠的实证分析

在社会责任概念界定中，本书指出行为本身和行为动机可能发生偏离，强调应基于动机才能正确认识行为的本质，并基于动机因素对企业社会责任概念进行了明确界定。然而，企业社会责任中是否存在行为与动机的偏离呢？如果在实践中社会责任行为与动机总是保持一致，则前文的概念界定就显得多余。只有在实践中存在社会责任行为与动机偏离的情况下，本书的概念界定才能更为准确地帮助理解社会责任这一颇具争议的概念。

因此，本章拟对社会责任行为和动机的偏离做一实证检验。企业社会责任行为涵盖面广，从慈善捐赠、提高职工福利待遇到关心环保等都属于社会责任行为的范畴，对其一一进行实证检验并不可行，本章选取理论界和实务界都公认的社会责任行为——捐赠活动作为本章进行实证检验的对象，深入分析企业捐赠行为的内在动机到底是出于利他主义的公益动机，还是出于利己主义的与社会责任思想不同的其他动机。

3.1 研究假设

捐赠作为一种古老而且重要的社会现象，长期以来，社会学、伦理学、公共经济学、管理学、财务学等都对此进行过研究。一般公认的是，公益捐赠行为是企业社会责任行为的一个重要内容。根据《中华人民共和国公益事业捐赠法》的规定，捐赠是自然人、法人或其他组织以自愿、无偿的方式发生的。也就是说，如果从行为来推导动机的话，导致捐赠行为的动机应该是自愿的、利他的，出于慈善公益等方面的考虑，是一种不计回报的利他动机。然而本书的研究所关注的是，尽管捐赠行为被公认为是企业履行社会责任的一种表现，但是导致捐赠行为的动机是否与企业社会责任的思想一致，是否出于慈善公益的利他主义动机，有没有其他的动机在其中发生作用呢？下面我们将在梳理捐赠能力以及捐赠动机的基础上提出相关理论假设。

在捐赠基础方面，对企业来说，捐赠支出作为企业一项单方面的支出，需要建立在企业利润的基础上。管理学大师德鲁克曾提出"赚钱行善"的观点，指出承担社会责任需要增加公司的支出，所以公司必须有足够的资源。美国钢铁大王卡内基也曾说过："上帝要我们赚钱是为了让我们去行善。"在1876至1923年间，以卡内基公司的名义，共捐款5 600多万美元，在世界各地修建了2 500多座图书馆。与弗里德曼更多的是强调企业经营的目标是利润最大化，企业应该"心无旁骛"地去为股东赚取利润不同，以德鲁克、卡内基等为代表的"赚钱行善"观点则更多的是关注企业赚取了利润后应如何回报社会，承担社会责任。两派观点并非绝对矛盾，而是关注的侧重点不同。将两种观点联系起来，我们可以看到企业的盈利能力是承担社会责任的基础。国内学者沈洪涛(2007)的研究发现，规模大、盈利好的企业更倾向于披露企业的社会责任信息。曹洪彬(2006)通过对福建省278家企业的捐赠进行研究也发现捐赠支出与企业税前利润存在正相关。山立威等(2008)也发现，业绩好的公司捐款总数和现金捐款数量更多。通过上述文献回顾，我们认为，企业盈利能力是企业捐赠的基础。基于此，我们提出假设1(H1)。

H1：企业的捐赠支出与企业盈利能力存在正相关关系

在企业有能力捐赠的基础上，最终到底是否发生了捐赠行为，取决于企业是否有捐赠的动机。在这里我们不怀疑企业出于支持公益事业的考虑而无偿、无所求地进行捐赠行为，但是这一利他主义的动机是无法直接观察和检验的，所以本书在检验的过程中，不直接检验社会责任动机，而是检验是否存在其他的不同于社会责任的动机。在捐赠行为中，除了公益动机之外，其他可能发生的动机主要是迫于压力或者另有所图，下面将详细分析这两个动机。

在公共经济学文献中，捐赠作为社会收入的"第三次分配"而引起了公共经济学理论的重视，在这里，捐赠往往被理解为公共产品私人提供的一种方式(龙新民等,2006)。在郑书耀(2007)的研究中，把彩票融资和捐赠作为我国准公共产品私人供给的两种主要形式。然而，在我国特殊的制度背景中，本应完全出于自愿的公益捐赠往往演变为带有一定强制性的摊派任务。特别是由于我国资本市场产生发展的历史原因以及强势政府的存在，上市公司的经营活动往往受到来自政府的重要影响。郑书耀(2007)、罗培新(2007)等的研究都发现在我国存在政府通过摊派迫使企业捐赠的现象。黄敏学等(2008)对社会舆论压力下的"逼捐"现象进行了分析。曹洪彬(2006)也指出，政府支出同时影响捐赠的需求与供给，政府支出和私人捐赠具有"互补品"性质，当政府财政支出不足时,可以通过私人捐赠作为补充。因此,如果从政府摊派的角度来看,企业捐赠就表现出一种"迫于压力"的动机,我们可以用图 3-1 来表示这一动机。

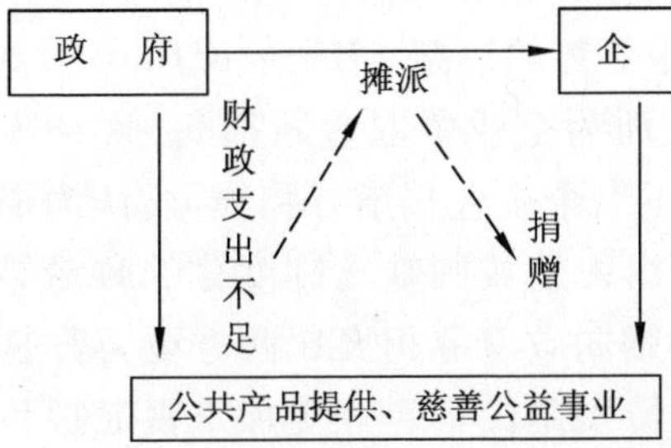

图 3-1 "迫于压力"动机(图中虚线表示动机的发生过程)

尽管上述很多文献中提到了政府摊派导致企业捐赠的现象,但是在运用相关财务变量来刻画摊派行为的发生机制方面所作的系统研究则很少。本文试图对摊派动机的发生机制进行分析。我们认为政府摊派能否最终引发企业的捐赠行为主要取决于如下几个方面的影响:一是政府摊派动机的强弱,二是企业抵御政府摊派能力的大小,三是企业接受摊派的可能性。从政府摊派的动机来看,既然捐赠是公共产品私人提供的一种方式。也就是说,捐赠一定程度上替代了政府的公共财政的投入,那么,当地方财政收入较低时,地方政府更有动机通过企业捐赠渠道来进行公共产品的提供,其摊派动机也就更加强烈。从企业抵御摊派的能力来看,这一能力主要取决于企业经营受制于政府的强弱程度。对于地方上市公司来说,由于其最终控制人是地方政府,或者是民营上市公司,由于在地方政府管辖的范围内开展经营,在工商税收、劳动用工和优惠政策等很多方面需要地方政府提供支持,所以抵御摊派的能力较弱。陈信元(2007)、夏立军(2005)等通过研究都发现了地方政府对上市公司经营能产生重要影响。而最终控制人为国务院国资委或中央直属的大型企业集团,由于在实际经营中受制于地方政府的程度较弱,所以抵御地方政府摊派的能力较强。从企业接受摊派的可能性来看,由前文分析可知盈利是企业捐赠的基础,那么,盈利高的企业接受摊派的能力更强,另一方面,政府向盈利高的企业摊派的可能性更大,也更为现实。基于此,我们提出假设 2(H2)。

H2a:在地方财政收入更低的地区,地方企业更可能发生捐赠支出

H2b:在地方财政收入更低的地区,盈利高的地方企业更可能发生捐赠支出

在管理学特别是战略管理学界，往往把捐赠作为一种企业的策略性行为来进行研究，企业通过捐赠是为了提高企业形象、增加企业的竞争优势或是换回其他方面的利益输入。山立威等(2008)发现汶川地震后的企业捐赠行为存在提高声誉以获取广告效应的经济动机。Porter & Kramer(2002)提出了一个战略性捐赠提高企业竞争优势的模型。Hagan & Harvey(2000)认为，捐赠可以有利于企业游说政府，从而为企业争取垄断利润、政府补贴或者援助提供帮助。钟宏武(2007)提出了一个企业捐赠寻租模型，认为捐赠可以成为企业寻租的一种有效途径，并指出由于我国缺乏制度化的政治寻租途径以及捐赠的隐蔽性，我国企业利用捐赠向政府寻租要比西方更为普遍。张建君等(2005)的研究也发现，我国企业特别是民营企业更加重视通过各种途径培养和政府之间的良好的密切关系。特别是当企业捐赠可以部分替代政府财政支出时，企业捐赠行为更能获得政府的欣赏，因此也更有利于企业寻租行为。图 3-2 直观地表示了“另有所图”动机。

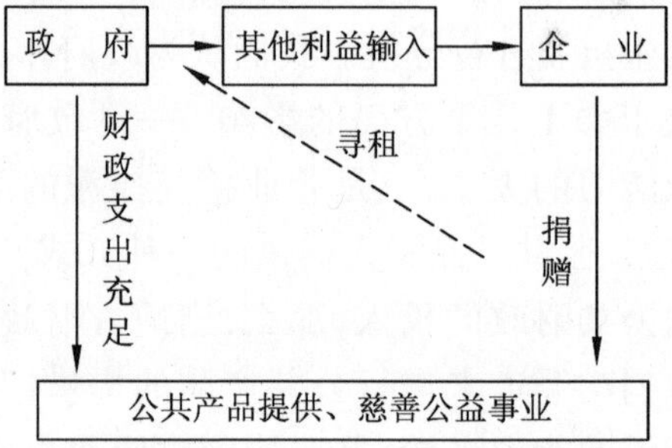

图 3-2　“另有所图”动机(图中虚线表示动机的发生过程)

在企业寻租行为中，企业与政府间比较重要的利益输送形式往往是通过税费返还和补贴收入进行的。很多学者对我国企业的补贴收入进行过深入研究，研究结论大多认为政府往往通过补贴收入对企业进行利益输送，特别是在地方政府影响越大的情况下(陈冬华，2003)以及上市公司在扭亏、配股和增发的情况下。因此，我们可以预期，从政府与企业的关系视角来看，捐赠作为企业寻租的一种重要手段，有利于改善企业与政府的关系，帮助企业从政府方面获得更多的利益输入，其中主要的方面包括降低税负水平、补贴收入和税费返还等。基于此，我们提出假设 3(H3)。

H3a：捐赠支出与企业的税收负担存在负相关关系

H3b：捐赠支出与企业的补贴收入存在正相关关系

H3c：捐赠支出与企业的税费返还存在正相关关系

3.2 研究设计

3.2.1 样本来源

本研究选择沪深两市 2005 年、2006 年 A 股一般上市公司(剔除金融业)中发生捐赠支出的企业作为研究样本。对于 2007 年的数据,由于新所得税法将企业公益性捐赠的税前扣除比例提高到了 12%,可能影响 2007 年企业的捐赠支出,所以没有采用 2007 年数据;同时由于 2008 年汶川地震,2010 年玉树地震、舟曲泥石流等重大事件,特别是万科"捐款门"导致全社会对企业捐赠行为的高度关注,致使企业捐赠行为在政府、媒体等的介入下,已经成为一个社会热点问题,其影响因素变得更加复杂,因此本研究中没有采用 2008 年以后的数据。最终选用 2005 年、2006 年两年的数据,是因为这两年的数据受到外界干扰因素较少,选取一个比较单纯的样本,能够反映企业在捐赠行为背后的真实动机。

在样本数据中,企业的捐赠支出、税费支出、税费返还、补贴收入等数据来源于上市公司年报,企业的净利润、总资产、资产负债率等其他财务数据来源于 CCER 财务金融数据库。经过搜集整理,2005 年、2006 年两年共有 1303 家公司发生过捐赠支出,剔除其中当年净利润为负的样本,最终样本为 1 129 家公司。

3.2.2 模型设计

为了检验假设 1,我们设计了如下的实证模型:

$$Dona = \beta_0 + \beta_1 Prof + \beta_2 Size + \beta_3 State + \beta_4 Debt + \beta \sum Ind + \varepsilon \qquad (1)$$

变量的解释与计算方法如表 3-1 所示。

表 3-1 模型(1)变量说明

变量含义	变量名称	计算方法
企业的捐赠支出	*Dona*	企业捐赠支出取自然对数值
企业盈利能力	*Prof*	企业净利润取自然对数值
企业规模	*Size*	企业总资产取自然对数值
企业性质	*State*	哑变量,如果是国有控股则取 1,反之取 0
资产负债率	*Debt*	总负债/总资产
行业性质	*Ind*	哑变量,属于某行业则取 1,否则取 0

3.3 实证检验结果及分析讨论

我们利用沪深 A 股一般上市公司 2005 年、2006 年捐赠数据以及相关财务数据对上述假设进行实证检验。

对于模型(1),回归结果如表 3-4 所示。

表 3-4 模型(1)回归结果

变量	参数估计	标准差	t 值
Prof	0.340 6	0.052 3	6.51***
Size	0.592 6	0.080 6	7.35***
State	-0.051 12	0.125 0	-4.09***
Debt	0.346 3	0.172 9	2.00**
_cons	-6.850 4	1.258 9	-5.44***
N	1 129		
F	23.81		
Adj-R^2	0.244 5		

注:1. *** 表示在 0.01 水平下显著(双尾检验),** 表示在 0.05 水平下显著(双尾检验),* 表示在 0.1 水平下显著(双尾检验)(下同)

2. 在实证检验中控制了行业变量的影响,但限于篇幅,行业变量回归结果没有报告(下同)

从模型(1)的回归结果来看,*F* 值为 23.81,*Adj-R^2* 为 0.244 5,证明回归模型整体的解释能力较强,捐赠支出与盈利能力和企业规模显著正相关(0.01%水平下显著),由此支持了我们的假设 1,也就是说捐赠支出的发生是以企业的盈利能力为基础的。其中 *State* 变量显著为负,表明国有控股企业的捐赠支出显著低于非国有控股企业。

对模型(2)的回归结果如表 3-5 所示。回归结果中,从 *F* 值和 *Adj-R^2* 来看,三个回归方程的总体解释能力均较好。同时,我们看到在地方财政收入最高的地区(第 1 组),捐赠支出与企业盈利能力呈显著正相关。在地方财政收入第 2 组中,捐赠支出和盈利能力仍然呈显著正相关,但同时也和是否为地方企业呈正相关,表明地方企业更可能发生捐赠支出。在地方财政收入第 3 组中,我们看到捐赠支出和企业盈利能力之间不存在显著相关关系,而与企业是否为地方企业之间存在显著正相关关系,这一结果表明在财政收入较低的地区,地方企业更有可能发生捐赠支出,而不管其盈利能力如何。这样的回归结果支持了我们的 H2a,表明在地方财政低的地区,地方企业更可能发生捐赠支出，这时企业的捐赠更有可能是迫于地方政府摊派的压力，出现在地方政府摊派压力下的公共产品私人提供的现象。

表 3-5　模型（2）按地方财政收入分组回归结果

变　　量	财政收入第 1 组	财政收入第 2 组	财政收入第 3 组
Prof	0.390 6***	0.414 9***	0.066 9
	(5.60)	(3.93)	(0.49)
Size	0.499 8***	0.6175***	0.693 6***
	(4.76)	(3.65)	(3.22)
Local	0.274 1	0.747 9**	0.710 7*
	(1.50)	(2.47)	(1.80)
Debt	0.572 4**	0.374 4	-0.619 5
	(2.56)	(1.18)	(-1.01)
_cons	-6.546 8***	-9.228 6***	-3.850 6
	(-4.01)	(-3.21)	(-1.09)
N	661	285	183
F	14.81	7.54	3.29
Adj-R^2	0.250 9	0.256 6	0.149 6

注：1. 财政收入第 1 组由当年地方财政收入第 1 到第 10 的 10 个省市上市公司数据组成；第 2 组由地方财政收入第 11 到第 20 的 10 个省市组成；剩余的省市为第 3 组（下同）

2. 括号中为 t 值（下同）

为了检验 H2b，我们对模型（3）进行回归，其结果如表 3-6 所示。从回归结果来看，三个方程的总体解释力都比较好。同时，我们看到在财政收入高的地区（第 1 组），*Local_Prof* 变量并不显著，而在财政收入低的地区（第 2、3 两组中），*Local_Prof* 显著为正，但盈利能力对捐赠的关系不显著，这一结果支持了在财政收入低的地区，盈利好的地方企业更可能发生捐赠这一假设。综合模型（2）和（3）的回归结果，表明在财政收入较低的地区，地方企业以及地方企业中盈利能力强的企业更可能发生捐赠支出，而这一现象在财政收入较高的地区并不显著，这一回归结果较好地支持了我们的假设 2。

表 3-6　模型（3）按地方财政收入分组回归结果

变　　量	财政收入第 1 组	财政收入第 2 组	财政收入第 3 组
Prof	0.378 8***	0.375 9***	0.032 1
	(5.43)	(3.53)	(0.23)
Size	0.502 3***	0.622 5***	0.698 4***
	(4.78)	(3.68)	(3.23)

续表

变　量	财政收入第 1 组	财政收入第 2 组	财政收入第 3 组
Local_Prof	0.013 9 (1.38)	0.042 2*** (2.47)	0.038 6* (1.73)
Debt	0.568 1** (2.54)	0.375 3 (1.18)	−0.615 8 (−1.00)
_cons	−6.364 7*** (−3.93)	−8.638 8*** (−3.04)	−3.314 6 (−0.95)
N	661	285	183
F	14.79	7.54	3.26
Adj-R^2	0.250 5	0.256 7	0.148 3

为了检验假设 3，我们对模型（4）、（5）、（6）进行回归。

对于模型（4），回归结果如表 3-7 所示。

表 3-7　模型（4）回归结果

变　量	参数估计	标准差	*t* 值
Dona	−0.067 3	0.016 4	−4.08***
Sale	0.100 2	0.0272	3.68***
Local	0.193 0	0.081 8	2.36***
_cons	−1.048	0.5407	−1.94**
N	1 127		
F	8.42		
Adj-R^2	0.090 0		

从回归结果来看，捐赠支出与企业税负水平呈显著负相关，表明捐赠企业在税负上享受了一定的优惠，这样的结果支持了我们的假设 H3a。同时，*Local* 变量显著为正，表明地方企业的税负负担显著高于中央企业。

对于模型（4），我们同样按照地方财政收入的高低将样本分为三组进行检验，其结果如表 3-8 所示。

表 3-8　模型（4）按地方财政收入分组回归结果

变　量	财政收入第 1 组	财政收入第 2 组	财政收入第 3 组
Dona	−0.102 3*** (−4.75)	−0.015 6 (−0.52)	0.003 8 (0.08)
Sale	0.124 3*** (3.47)	0.069 (1.28)	0.271 0*** (4.08)

续表

变　量	财政收入第 1 组	财政收入第 2 组	财政收入第 3 组
Local	0.140 2	0.408 6***	0.004 6
	(1.33)	(2.60)	(0.02)
_cons	-1.127 6	-0.647 6	-5.485 0***
	(-1.58)	(-0.58)	(-4.17)
N	657	277	194
F	4.62	4.89	5.35
Adj-R^2	0.076 4	0.164 9	0.226 6

从回归结果来看，在地方财政收入最高的一组中，捐赠支出与企业税负水平显著负相关，而在地方财政收入最低的一组中，捐赠支出与企业税负水平无显著相关关系，表明在来自于政府的摊派压力较弱的地区，企业捐赠更可能是一种策略性行为，即倾向于通过捐赠获得税负上的优惠，而在政府摊派压力较大的地区，企业的捐赠并未换回税收上的优惠。

对于模型(5)，回归结果如表 3-9 所示。

表 3-9　模型(5)回归结果

变　量	参数估计	标准差	*t* 值
Dona	0.103 2	0.037 5	2.75***
Size	0.711 6	0.079 5	8.95***
Local	-0.197 9	0.177 8	-1.11
_cons	-1.685 0	1.611 9	-1.05
N	879		
F	10.78		
Adj-R^2	0.143 2		

从总体样本回归结果来看，捐赠支出与企业的补贴收入呈显著正相关，这一结果支持了我们提出的假设 H3b。

同样地，我们对于模型(5)，也按照地方财政收入高低进行分组回归，其结果如表 3-10 所示。

表 3-10　模型(5)按地方财政收入分组回归结果

变　量	财政收入第 1 组	财政收入第 2 组	财政收入第 3 组
Dona	0.091 9*	0.217 9***	0.062 7
	(1.89)	(2.95)	(0.62)
Size	0.877 3***	0.440 4	0.460 3**
	(8.83)	(2.46)	(2.02)

变　量	财政收入第 1 组	财政收入第 2 组	财政收入第 3 组
Local	-0.260 8	-0.365 4	-0.056 7
	(-1.16)	(-1.05)	(-0.11)
_cons	-4.842 8**	1.741 6	4.417 9
	(-2.42)	(0.48)	(0.88)
N	526	206	147
F	11.13	3.15	1.29
$Adj\text{-}R^2$	0.224 4	0.120 0	0.023 7

从回归结果来看，在地方财政收入第 1 组和第 2 组两组中，捐赠支出与补贴收入均呈正相关关系，而在地方财政收入最低的一组中，方程的 *F* 值仅为 1.29，说明方程总体没有解释能力，而且捐赠支出与补贴收入无显著相关性，表明在财政收入最低的一组中，捐赠支出对补贴收入没有解释能力。同时也表明，在外界摊派压力较低的情况下，企业捐赠更多地反映了“另有所图”的动机，即通过捐赠行为换取其他方面的利益。

对于模型(6)，回归结果如表 3-11 所示。回归结果表明，企业捐赠支出与受到的税费返还存在显著正相关关系，这一结果可以支持我们提出的假设 H3c。同样地，我们对于模型(6)也按照地方财政收入高低进行分组回归，结果如表 3-12 所示。从回归结果来看，捐赠与税费返还仅在财政收入第 1 组中呈显著正相关，而在另外两组中则不相关，表明在财政收入较高的地区，企业更倾向于通过捐赠换回税费返还的好处。综合模型(4)、(5)、(6)按财政收入分组回归的结果，我们看到，企业通过捐赠可以换回税负水平、补贴收入和税费返还上的好处，这样的关系在财政收入高的地区是显著的，但在财政收入相对较低的地区却不显著。这样的结果说明，在外界摊派压力较小的情况下，企业的捐赠更有可能是一种策略性行为，即希望借此获得其他的利益交换，通过捐赠向政府寻租，表现出一定程度的“另有所图”的动机；同时，这样的结果也可以说明在财政收入较低的地区，由于捐赠主要是迫于摊派压力而引起的，所以捐赠支出的发生并未带来企业其他方面的利益返还，因此，模型(4)、(5)、(6)的回归结果也从另一方面印证了“迫于压力”动机的存在。另外，在本书所有的回归模型中，*Vif* 值均小于 3，说明不存在严重共线性问题(限于篇幅，我们没有报告 *Vif* 值)。

表 3-11　模型(6)回归结果

变　量	参数估计	标准差	T 值
Dona	0.109 5	0.040 0	2.74***
Tax	0.426 2	0.060 5	7.04***
Local	-0.350 5	0.181 5	-1.93**
_cons	7.001 0	1.033 3	6.78***
N	904		
F	8.82		
Adj-R^2	0.115 0		

表 3-12　模型(6)按地方财政收入分组回归结果

变　量	财政收入第 1 组	财政收入第 2 组	财政收入第 3 组
Dona	0.143 3*** (2.64)	0.004 4 (0.06)	0.064 8 (0.74)
Tax	0.411 2*** (4.95)	0.427 3*** (3.50)	0.477 3*** (3.69)
Local	-0.322 4 (-1.32)	-0.268 3 (-0.75)	-0.191 8 (-0.47)
_cons	6.675 1*** (4.70)	9.280 7*** (4.63)	5.911 0** (2.45)
N	538	210	156
F	5.23	2.38	3.76
Adj-R^2	0.105 6	0.078 8	0.187 8

3.4　稳健性检验

为了检验研究结果的稳健性,我们进行了如下的稳健性测试。

首先,对企业捐赠支出的极端值进行剔除。我们按企业捐赠支出指标,剔除两端各 1% 的极端值,然后再按照模型(2)进行分地区回归,结果为:

表 3-13　剔除极值后回归结果

变　量	财政收入第 1 组	财政收入第 2 组	财政收入第 3 组
Prof	0.361 2***	0.378 2***	0.078 1
	(5.25)	(3.77)	(0.62)
Size	0.415 6***	0.557 5***	0.693 4***
	(3.82)	(3.51)	(3.38)
Local	0.310 2*	0.725 1**	0.799 4**
	(1.70)	(2.56)	(2.25)
Debt	0.514 3**	0.289 1	0.625 7
	(2.35)	(0.97)	(0.99)
_cons	-4.222 2**	-7.298 9***	-4.730 0
	(-2.44)	(-2.70)	(-1.41)
N	647	280	178
F	10.50	6.90	3.81
Adj-R^2	0.190 5	0.240 9	0.181 8

从回归结果来看，在财政收入第 1 组中，与前文的结果不同的是，*Local* 变量也显著为正，但显著性水平只有 0.1，而在财政收入第 2 和第 3 组，*Local* 变量则在 0.05 显著性水平下显著为正。此外，在财政收入第 3 组，*Prof* 变量仍然不显著，说明在财政收入低的地区，捐赠支出与盈利之间不存在显著相关性，这一结论与前面的回归结果是一致的。

第二，我们对企业盈利能力变量进行替换。前文的分析是用企业当年净利润作为盈利能力指标的，下面我们用企业前一年净利润作为盈利能力指标，其余各变量定义及计算方法均不变。仍对模型(2)进行分地区回归，结果如表 3-14 所示。从回归结果来看，在财政收入第 1 和第 2 两组中，捐赠支出均和盈利能力显著争相关，与 *Local* 不相关，而在财政收入第 3 组中，捐赠和盈利能力之间的相关性并不显著；同时在第 3 组中，*Local* 变量的 p 值为 0.106，接近 0.1 显著，这一结论总体上与我们前文的结论是非常接近的。

表 3-14　用上年利润作为盈利能力变量的回归结果

变　量	财政收入第 1 组	财政收入第 2 组	财政收入第 3 组
Prof	0.521 4***	0.576 2***	0.097 1
	(10.36)	(6.68)	(0.81)
Size	6.08e-11	2.55e-10	0.637 1***
	(1.61)	(1.39)	(3.25)

续表

变　量	财政收入第1组	财政收入第2组	财政收入第3组
Local	0.111 4	0.473 5	0.557 9
	(0.58)	(1.50)	(1.63)
Debt	0.000 4	-0.006 5	0.727 5
	(0.04)	(-1.20)	(1.17)
_cons	2.544 9***	1.424 1***	-4.363 1
	(2.74)	(0.91)	(-1.29)
N	667	288	183
F	9.14	4.84	3.51
$Adj\text{-}R^2$	0.163 5	0.167 2	0.161 8

第三,对于假设3,在前文的检验中,我们用了税收负担、税费返还和补贴收入三个变量来描述企业收到的来自政府的利益输入,并且这三个变量检验的结论大体一致,可以互相印证,因此本文在这里不再对假设3进行稳健性检验。

总的来看,经过稳健性检验,本文的假设基本都能够得到实证结果的支持,因此我们的结论有一定的稳健性。

3.5　研究结论

经过前面的实证分析,表明企业的捐赠行为并非仅仅出于利他主义动机或出于履行社会责任的考虑,而是与企业的内外因素有着密切的联系,表现出一定程度的"迫于压力"和"另有所图"的动机,但这两种动机的强弱随着企业所处外界环境的不同而有所不同。具体来看,我们的实证结果支持如下结论:

第一,企业的盈利能力是企业捐赠的基础,企业捐赠支出与盈利能力存在正相关关系。

第二,企业盈利能力与企业捐赠支出之间的正相关程度随着企业所处地区的不同而有所不同。在地方财政收入较高的地区,企业盈利与捐赠支出呈显著正相关,而在地方财政收入较低的地区,捐赠支出与企业盈利能力之间不存在显著相关性,而是与企业是否为地方企业呈显著正相关。这表明地方企业更可能迫于政府摊派压力进行捐赠,并且在地方财政收入较低的地区,盈利能力好的地方企业更可能受到摊派而发生捐赠支出。

第三,企业的捐赠支出与企业税负水平存在负相关关系,与补贴收入存在正相关关系,与企业收到的税费返还存在正相关关系,并且,这一相关关系在地方财政收入高的地区是显著存在的，而在地方财政收入较低的地区则不显著。这表明在外界摊派压力较小的地区，企业更倾向于通过捐赠支出来融洽与地方政府的关系，并从地方政府获得相应的税负减轻和增加补贴收入、税费返还的优惠，这里表现出"另有所图"的动机。

从对捐赠行为与动机的研究可以发现，行为与动机之间可能出现偏差，甚至背离，企业的公益捐赠行为的发生从本质上来说应该是基于利他主义与公众利益的考虑，然而在实际中，却是由于摊派压力和另有所图的动机而导致的捐赠行为。对于除捐赠以外的其他社会责任行为，如环境保护、职工福利、节能减排等，也有可能是其他非社会责任动机引发的后果。企业社会责任方面行为与动机的偏离给对社会责任问题的研究增加了难度，如果仅从行为层面研究企业社会责任问题，用企业是否发生社会责任行为（如捐赠、环保、助学等）来衡量企业是否履行了社会责任，则很可能偏离了社会责任的本意，导致企业基于其他动机而进行社会责任行为，并用社会责任行为掩盖其他动机，最终可能使得社会利益遭受更大的损失。因此，这要求我们在观察和分析企业社会责任行为时，不应只关注行为本身，而应更多地从动机角度考察是否是真正地履行社会责任。

3.6 本章小结

本章基于沪深两市上市公司企业捐赠行为的财务数据，对企业在社会责任行为中动机与行为的偏离进行了实证检验，发现在企业捐赠行为中，存在与捐赠行为本质即利他主义动机不同的"迫于压力"动机以及"另有所图"动机。正是由于这种行为与动机的偏离，使得在界定与理解企业社会责任动机时，不能仅仅通过行为本身来确认，而应从更为本质的动机层面来认识企业社会责任，并以此作为分析的基础。

第四章 价值创造中的企业社会责任：理论分析与实践案例

前文的概念分析能帮助我们准确理解企业社会责任概念。然而不可回避的是，企业社会责任理论饱受着来自主流经济学、管理学和财务学的批评，其中最核心的批评意见就是认为履行社会责任与企业的价值创造目标相矛盾，与企业的经济组织性质相背离。如果不能回应这一批评将难以推动社会责任理论的发展。自由经济学派的代表人物弗里德曼曾指出："在自由经济中，企业有且仅有一个社会责任——只要它处在游戏规则中，也就是处在开放、自由和没有欺诈的竞争中，那就是要使用其资源并从事经营活动以增加利润。"在这一论述中，隐含着社会责任与企业创造利润是互相冲突、不可兼顾的观点，而这一点正是社会责任理论与经济学、管理学等争论了近一个世纪的焦点问题。归纳主流经济学、管理学、财务学的观点以及当今公司社会责任理论的研究成果，在这一场理论争论中，公司社会责任更多的是被作为一个价值分配问题而提出的，与价值创造活动是没有关系甚至是互相矛盾的，强调企业在创造出价值以后的分配过程中应履行社会责任，应考虑到除企业生产经营活动直接参与者以外的其他主体的利益，应关注社会效应，例如关注慈善、关注环保、维护消费者利益、提高职工福利等。正如管理大师德鲁克认为，企业的"首要社会责任"就是赚取足够的利润来承担未来的支出，这种支出是为了保证未来的工作机会（沈洪涛、沈艺峰，2008），即企业应该赚钱行善，赚了钱以后在利润的分配过程中应该秉持行善的原则。这种把社会责任局限于价值分配阶段的观点，忽视了社会责任在价值创造过程中的作用，同时也成了社会责任理论与主流经济学、管理学、财务学等产生分歧的根源之一。那么，企业社会责任是否仅仅是在价值分配阶段应重视的一个问题，在企业价值创造阶段中有没有发挥作用？对这些问题的回答需要我们对企业社会责任与价值创造的关系进行更加深入的分析，不仅仅局限于价值分配领域，更应由此追溯到价值创造领域，这样

"價",对于"賈",《说文解字注》中解释为:"贾,市也。市,买卖之所也。因之凡买凡卖皆曰市。贾者,凡买卖之称也。"由此可见,价值概念与经济活动有着密不可分的联系。

西方经济学理论中,讨论价值概念的文献汗牛充栋,对其观点主要可以分为劳动价值论、效用价值论和均衡价值论。劳动价值论的代表性学者包括威廉·配第、亚当·斯密、马克思和李嘉图等。其中配第最早将价值的源泉归结到劳动上,并提出了"劳动是财富之父,土地是财富之母"的名言。在此之后,亚当·斯密认为商品价值由耗费的劳动决定,"劳动是衡量一切商品交换价值的真实尺度。任何一个物品的真实价格,即要取得这物品实际上所付出的代价,乃是获得它的辛苦和麻烦"。具体地,斯密认为"工资、利润和地租,是一切收入和一切可交换价值的三个根本源泉"。同时,斯密也注意到了供求关系对价值的影响,将市场供求均衡时的商品价值界定为自然价格,并指出"市场上任何一个商品的供售量不够满足这商品的有效需求时,市场价格便或多或少地上升到自然价格之上"。李嘉图继承并发展了斯密的理论,并注意到了简单劳动和复杂劳动的区别。在古典经济学的基础上,马克思对价值概念进行了更加深入的研究,指出价值是凝结在商品中的无差别人类劳动,并总结出价值等式:商品价值 = 不变资本(C) + 可变资本(V) + 剩余价值(M)。同时,马克思非常强调"使用价值"与"交换价值"的区别,认为"使用价值"反映的是价值的自然属性,指出"交换价值代表一种他们共有的,同他们的使用价值完全无关的东西,即价值",强调了在经济领域,价值的具体表现形式是交换价值,体现的正是人与人之间的经济关系,反映的是价值的社会属性(俞吾金,2004)。马克思的价值概念,从商品的自然属性和社会属性两个方面展开,既关注了价值的客体属性,又关注了价值的社会属性,即价值中的主客体关系、社会关系等因素。

效用价值论产生于边际革命之后,核心观点是价值的根源在于效用,特别是边际效用。这一思想与哲学中对价值的评价从客体属性展开是一致的,即认为价值的根源在于对人的有用性。具体对效用进行细分来看,庞巴维克指出:"决定物品价值的不是它的最大效用,也不是它的平均效用,而是它的最小效用……因此,决定价值量的规律,可以用下面的公式来表达:一件物品的价值是由它的边际效用量来决定的。"在效用价值论的基础上,经过马歇尔、希克斯等学者的发展,形成了均衡价值论,但均衡价值论并没有否定效用价值,而是将效用价值论作为均衡价值的基础。马歇尔认为,均衡价值是在供求均衡时由边际效用和边际成本共同决定的。希克斯则指出:"价格曲线和无差异曲线的切点,用无差异曲线的用语来说,表示边际效用与价格之间的比例。这样我们便可将边际效用理论用无差异曲线的用语加以移译。”到 20 世纪 50 年代,阿罗、德布鲁、萨缪尔森等人用严格的数学工具证明了均衡价格的存在,并构建了一般均衡理论。对照哲学理论中的价值概念,均衡价值说是从主客体的供求关系角度来认识价值的。

综合哲学、经济学理论中对于价值概念的相关论述,对于价值这样一个内涵丰富的基本理论概念,归纳起来看,对其的完整认识应该包括自然属性和社会属性两个方面。

首先,价值具有自然属性,即价值必须建立在一定的载体之上。商品是否具有价值、具有多大的价值,必须以其使用价值,也就是对人类社会的有用性、效用等作为基础,这是由商品的自然属性决定的,反映客体属性。创造商品的使用价值,需要付出人类劳动、资本、原材料等要素,因此,商品的使用价值实质上反映了人与物的关系。

其次,价值具有社会属性,即价值是一定社会关系的反映。这种社会关系可以反映在两个方面,一是交换活动,二是主体评价。交换活动是在人与人、企业与企业以及人与企业之间发生,在社会环境下展开的,因此交换价值反映了价值的社会属性,体现了供求关系、社会环境等因素的影响。同时,价值概念中不可忽视主体的评价,即价值带有一定的主观性,不同主体从不同立场、视角出发,对价值可以得出不同的结论,甚至是差异很大的结论。因此,在对价值的认识中,需要首先明确认识主体,即站在什么样的主体立场上来认识价值。

财务学作为哲学、经济学的下游学科,对于基础理论概念的认识应当建立在对上游学科相关理论的准确理解基础上。现代财务学以“价值”作为其核心概念(罗福凯,2003)。在财务学理论体系中,无论是财务目标理论,还是价值管理理论,都承认价值创造或价值最大化为企业的最终目标。然而反观财务学对价值创造目标中价值的理解,则会发现与哲学、经济学中的认识并不完全一致,主要原因在于财务学作为一门应用性较强的学科,为了利用数学模型进行分析的方便,用一系列简单明确的指标对哲学、经济学中的价值概念进行了替代。这样的替代在很大程度上方便了财务学的理论分析与企业的实际经营,但是如果片面地将这些“替代变量”认为是价值本身,则很可能会使企业的经营误入歧途,因此对财务学中的价值概念,需要进行全面认识与澄清拓展。

第一,财务管理中曾经把会计利润作为价值的衡量指标。会计系统是企业重要的信息系统，以生成四张主要财务报表（资产负债表、利润表、现金流量表、所有者权益变动表）来反映企业的经营情况，其中对于企业在一个会计周期内创造出了多少价值，会计系统中是通过利润账户的数据来体现的，而财务学也借用了会计利润这一数据作为财务管理的目标。利用会计利润作为价值的衡量指标，其缺陷是显而易见的：一方面利润是根据会计准则，通过会计系统计算出来的，在计算的过程中既要符合会计确认的条件，又要遵循会计的谨慎、可靠等原则，因此已经将价值概念的很多内涵抽象化了；另一方面会计利润仅仅扣除了生产成本、债权成本，而对于所有者投入的股权成本则未扣除，因此无法全面反映企业是否真正创造了价值。正是由于会计利润的各种局限，作为财务管理中价值创造的替代指标，已经无法适应需要，所以财务目标体系中也逐渐超越了会计利润指标。

第二，财务管理中以经济利润作为价值衡量指标。由于会计利润自身的缺陷，财务管理中开始用经济利润作为价值的衡量指标，主要体现为经济增加值（EVA）的广泛使用。EVA 是建立在对会计利润进行调整的基础上的，这种调整主要包括两个方面：一是对于非正常收支项目、大额广告费、研发费等科目的调整，主要涉及费用化还是成本化的问题；二是对权益成本的扣除，对于所有者投入的资源，EVA 确认其成本并在利润中进行扣除。经过上述两大调整，最终的 EVA 就是企业真正创造出的增值额，即经济增加值。

第三，财务管理中以未来现金流折现值作为价值衡量指标。除了以会计利润为基础作为价值的衡量指标之外，财务学也有自己独特的价值衡量方法，即利用货币时间价值理论，将企业未来现金流进行折现，以折现值作为企业创造出的价值的衡量指标。未来现金流折现方法突破了会计系统主要关注过去的缺陷，将未来的价值创造能力考虑进来。然而未来现金流折现方法中最主要的障碍就在于对于现金流的估计以及对于折现率的选择，因其都是对于未来的估计而使得这样计算出的价值指标的可靠性受到怀疑。

第四，财务管理中以市值作为价值衡量指标。除了以企业自身的利润、现金流等指标作为价值的衡量标准之外，财务学中也将企业在市场中的表现，即市值作为评价的标准。市值指标能反映的内容非常丰富，有关企业未来的盈利能力、风险、成长性等都能得到反映，但其缺陷在于市值的有效与否取决于资本市场的有效性，同时由于虚拟经济的特点，市值在受到人为操纵或者金融体系影响时，其价值未必是对企业实体经营情况的准确反映。

价值创造目标中的“价值”概念，在财务学的理论体系中被理解为利润、EVA、未来现金流折现值、公司市值等指标，但对照哲学与经济学理论中对价值概念的阐述，上述这一系列指标都存在一定的片面性，未能全面反映价值概念的内涵。这种片面性首先表现在对价值概念的社会属性未能给予充分反映，在现有的这一系列指标中，都是立足于经济指标的考量，而缺乏对企业与社会的互动关系的分析，缺乏对价值社会属性的反映；其次，现有的价值指标在评价主体上存在片面性，即表现为主要立足于股东角度来进行价值的衡量，但哲学、经济学中的价值概念具有主观性，强调不同的主体所评价的价值具有显著差异，而在财务学中对价值的评价主要立足于股东，这种过于片面的衡量体系很可能导致重视股东价值而损害其他利益相关方的价值。

基于前文哲学与经济学理论中对价值概念的论述，我们需要为企业财务活动明确价值概念，才能使得价值创造目标真正成为引导企业经营行为的有效目标。具体来看，财务理论中的价值目标应该包括如下几个方面。

首先，企业所创造的价值应以价值的自然属性为基础。企业创造的价值，必须建立在坚实的基础上，这个基础就是企业所生产出的产品或服务。企业应努力提高所生产的产品或服务的质量，提高其对消费者所带来的效用，降低产品或服务的成本，以最小的投入生产出高质量的产品。

其次，企业所创造的价值应考虑到多个价值主体的因素。一个企业是由多个利益相关者组成的，企业的价值创造活动是每个利益相关者都参与的。在对企业的价值目标进行评价时，应考虑到不同评价主体的区别，不应仅仅局限于股东角度对企业创造的价值进行评价。比如员工、管理者、消费者、供应商等，都是企业价值创造活动中不可或缺的主体，对于企业应该创造出怎样的价值这一问题，上述利益相关者均有自己的评判。企业的价值创造目标不应再由股东或所有者单方决定，而应考虑到各个利益相关者对价值的评判，才能让企业为所有利益相关者创造价值，而不仅仅为其中的某一主体创造价值。

再次，企业所创造的价值应考虑到价值的社会属性。价值概念的社会属性反映了交换关系，体现在价值的实现环节，反映的是价值实现过程的供求关系与社会影响。在现有财务目标所指的价值中，关注的主要是由供求关系带来的影响，而忽视了由社会环境对企业产生的影响。但事实上，企业创造价值、实现价值是无法脱离特定的具体的社会环境的。现有的价值评价指标以货币等经济指标进行衡量，无法完整反映社会环境的影响，但是并不意味着社会因素对企业的价值创造活动就不产生影响。例如，在汶川地震后，万科董事长王石一篇不合时宜的博文引发网友的一致批评，但比“口水仗”更具实质性影响的是,万科股价从2008年5月15日到20日,连续跌幅达12%,最终迫使万科不得不追加捐款1个亿挽回形象。这一案例说明,企业的价值创造是无法摆脱社会环境的影响的,以价值创造为目标指导企业经营活动,必须充分认识到价值的社会属性。

综合对价值概念的理解,并结合企业的价值创造过程,一个完整的价值概念应如图4-1所示,其中企业所提供的产品或服务代表了价值的客体属性,股东、管理者和员工是企业内部的评价主体,债权人、供应商和消费者是企业外部的价值评价主体,社会环境影响着价值的社会属性,价值创造的成果不仅体现在财务方面,同时也会体现在非财务方面,不仅服务于股东这一个利益相关者,同时也服务于更广泛的利益相关者(Cengiz Haksever et al. ,2004)。对于价值创造目标中的价值概念,应从价值的客体属性、主体评价和社会属性这几个方面进行完整的理解和把握。

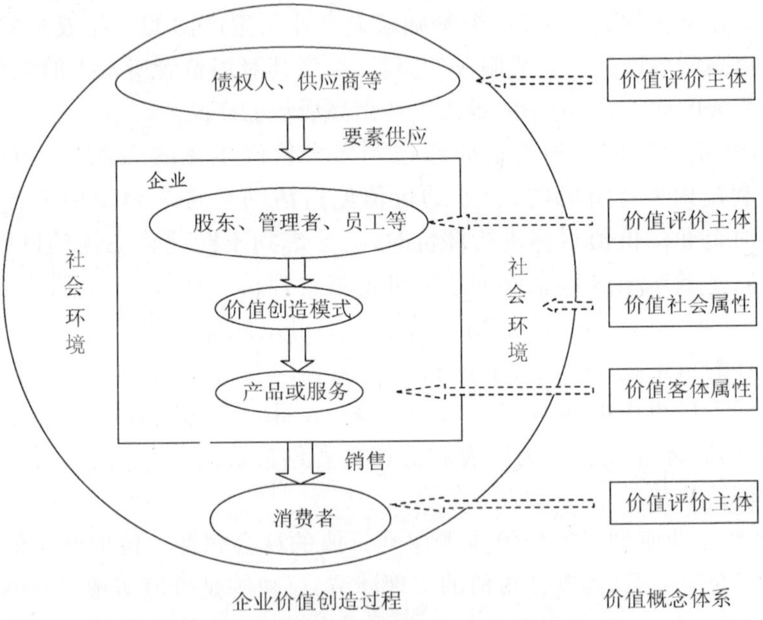

图4-1　企业价值创造目标的完整概念体系

4.1.2　价值创造目标下的企业经营行为

价值创造是企业的终极目标,这一目标将会对企业的经营行为起到指引的作用,在宏观上决定着企业经营行为。这种宏观的统领将表现在企业的价值创造模式、制度设计等几个方面。

首先，企业应着眼于价值创造目标，合理设计价值创造模式。企业首先应准确把握价值概念，并以价值创造作为企业的根本目标。在此目标指导下，企业应认真梳理并合理设计自己的价值创造模式，明确本企业能够为社会提供哪些价值以及价值的真正来源，可以利用波特的价值链理论、竞争优势理论进行分析。梳理设计价值创造模式的目的就是要明确本企业创造价值的根源、本企业的竞争优势、本企业生存发展的基石等问题。

其次，企业应根据价值创造模式进行制度设计与安排，协调各种价值创造要素，实现价值创造目标。企业在梳理自己的价值创造模式的基础上，要做的一个主要工作就是调动一切价值创造要素，设计各种激励约束的制度，为了价值创造目标而努力。

再次，依据对价值概念的理解，企业创造价值的活动应该从价值的客体属性、主体属性以及社会属性三个方面来展开。首先，企业应有效运用各种价值创造要素，提供的产品能充分满足消费者的需求。产品或服务是企业所创造的价值的载体，反映了价值的客体属性①。其次，企业创造价值应从多个价值评价主体来分析。企业是否创造了价值，不仅要站在股东、投资者的角度来评价，而且要站在员工、管理者、供应商、消费者以及社区公众等的角度来分析。能为股东创造大量利润却损害了员工福利或者社区环境的企业，在完整的价值概念体系中并不能被认为是实现了价值创造的目标。第三，企业还应考虑到价值的社会属性，不仅要实现创造经济价值的目标，还应同时创造一定的社会价值，或者最低要求是不应损害社会价值，例如不正当竞争的手段虽然可以使得企业增加经济价值，但损害了市场环境，有损社会价值，这样的企业同样不能认为是实现了价值创造的目标。

对价值创造目标的准确理解是企业开展生产经营活动的先决条件，错误地理解价值目标将会导致企业经营走上歧途。一个完整的价值概念将对企业的经营活动起到统领作用，引导和规范企业的经营活动，如图 4-2 所示。针对社会责任问题来看，在对企业价值创造目标的简单理解中，并没有社会责任存在的空间，只有从整体上把握价值创造目标时，才能把社会责任因素纳入到企业的价值创造过程中进行分析。

---

① 提高产品质量并不是老生常谈，从近期频频曝光的各种质量安全事故如食品添加剂、汽车轮胎、建筑质量等，可以发现质量安全仍是一个亟待解决的问题。在价值概念的理论体系中，这是价值客体属性的反映，频繁的质量安全事故反映了企业对价值客体属性的重视还不够。

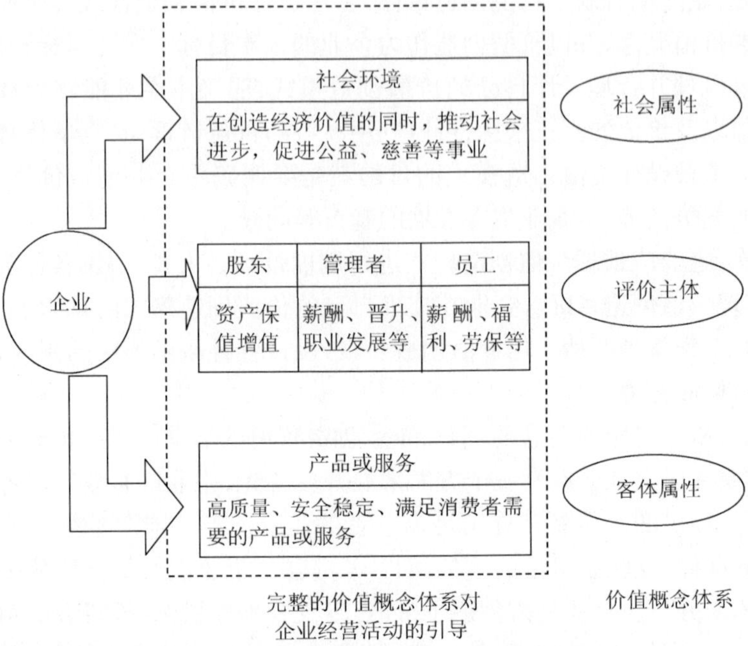

图 4-2　价值创造目标对企业经营的统领

4.2　社会责任在价值创造中的作用

价值创造是企业的终极目标，凡是有利于价值创造的要素、制度等，企业都要加以激发和维护，以便更好地实现价值创造目标。那么，在企业的价值创造过程中，社会责任作为一种行为方式到底有没有发挥作用，发挥着怎样的作用呢？要回答这一问题，我们首先要对价值创造的过程进行深入分析，归纳价值创造的模式，然后在此基础上确定社会责任在其中的定位所发挥的具体作用。

4.2.1　价值创造基本模式分析

尽管很多文献都涉及企业的价值创造，理论界也公认价值创造是企业的终极目标这一观点；然而，对于价值的来源、价值创造的过程与模式等基本问题，仍然缺乏深入和系统的研究。现有的经济学、财务学分析价值创造问题，主要集中于价值要素、资源配置、资金运动等方面，这些研究内容是价值创造过程中的主要内容，然而很少有文献从整体上阐述价值创造的基本过程与模式。

在宏观经济学中，对于价值的来源、价值创造和分配进行过深入探讨，形成了劳动价值论、效用价值论等理论成果，但它主要从宏观视角切入，而不是以企业为考察基点。主流的企业理论把主要精力集中在了企业的契约结构、所有权安排、制度设计等方面，而忽视了价值创造模式的研究。只有企业能力理论涉及了企业价值创造活动。企业能力理论试图从企业内部去挖掘价值创造的驱动因素、企业内生的竞争优势和可持续发展能力等，但缺乏对价值创造模式的系统归纳。财务学中对价值创造也有所涉及，罗福凯(2003)提出价值创造是财务学研究的目标，但并未由此而延伸至对价值创造模式的研究。高汉祥(2009)从主导因素、结合方式和外部环境三个方面分解了价值创造模式，但没有对这三个方面之间的逻辑联系作出更深入的分析。同时，在目前的主流财务学理论中，也找不到关于企业价值创造模式的内容。

综合现有的经济学、管理学和财务学中有关价值创造的相关文献，本书试图通过梳理价值创造的基本过程来理解价值创造模式。从整体上来看，价值创造应该可以分为两个过程，一是价值的生产，二是价值的实现。价值生产需要在企业内部完成，价值实现需要企业将商品或服务通过市场交换得以实现。同时，企业是在社会环境中实现价值生产和实现过程的，这两大部分都与社会环境息息相关。在企业内部的价值生产阶段，主要包括两个方面。第一，价值创造是建立在一系列价值创造要素的基础上的，需要对各种价值创造要素进行集中整合。第二，各种价值创造要素的联合主要通过两个形式：一是技术手段，指各种生产技术与设备、各种价值创造要素的加工与制造；二是制度手段，指通过各种制度安排与机制设计来最大限度地激发价值创造要素。在价值实现阶段，企业生产的各种产品或服务必须通过市场交换实现销售，才能最终实现价值创造目标。这一个价值创造过程如图 4-3 所示。

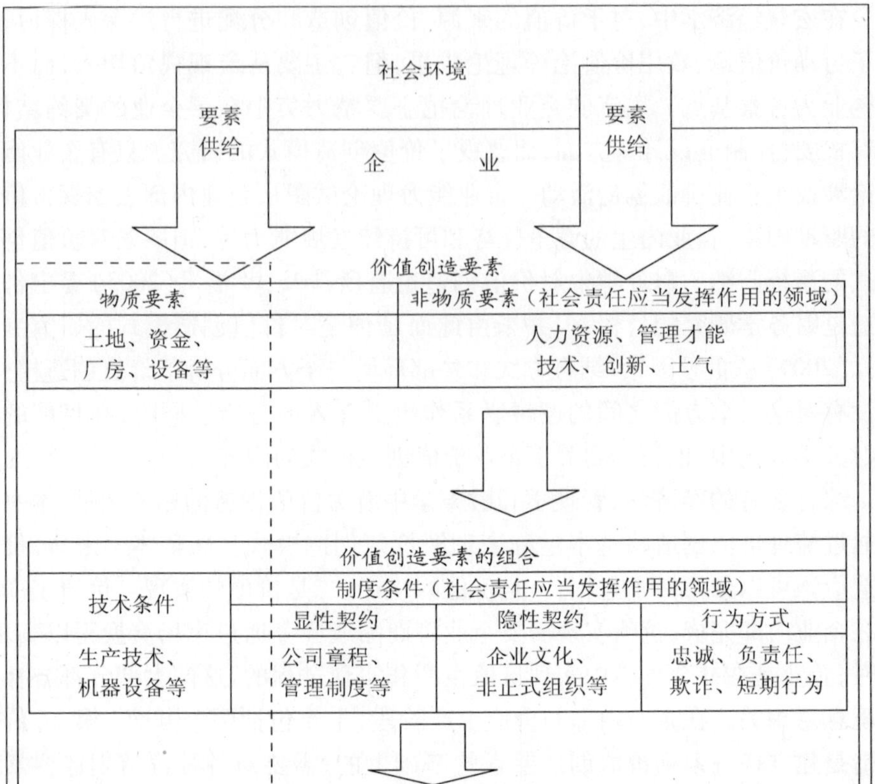

图 4-3　企业价值创造过程

第一,价值创造的基础是一系列价值创造要素,即在经济学理论中的生产要素。古典经济学家威廉配第就曾经指出,土地是财富之父,劳动是财富之母。随着理论研究的深入,生产要素的范围也日渐拓展,从基本的诸如土地、机器、原材料等物质生产要素发展到管理能力、商誉、创新能力等无形要素,生产要素的拓展反映了人们对价值创造活动研究的加深。价值创造不是无源之水,各种生产要素通过企业这一组织形式集中在一起,构成了价值创造活动的基础。价值创造要素可以基本划分为两大类:物质要素和非物质要素。主要的物质要素包括土地、资金、厂房、设备等,非物质要素包括人力资源、管理才能、技术、创新能力等,这些是价值创造过程的基础。

第二,企业组织将各种所需的生产要素集中在一起后,并不等于能创造价值,必须通过一定的技术和制度手段对生产要素施以加工,才能创造价值。企业这一组织形式在集中整合各种价值创造要素方面发挥了重要作用,整合各种要素的方式主要包括两种。

一方面,企业通过技术手段来组合各种生产要素,主要包括各种设备、流水线、生产技术等,先进的技术手段能够帮助企业降低生产成本,实现价值创造。在这一方面,不断进步的生产技术是价值创造的重要源泉。例如,人类历史上的工业革命、信息革命都极大地促进了价值的创造与社会的进步。

另一方面,企业通过各种制度手段实现对生产要素的管理与激励。生产要素除了通过技术和生产设备等集中在一起外,同时还离不开一个有效的制度环境。制度的作用主要是对各种生产要素加以有效的管理和激励,特别是对诸如人力资源、创造性劳动这类隐性要素进行激励。在传统的经济学理论体系中,企业内部的制度手段没有得到足够的重视。新古典经济学把企业视为一个生产函数,只考虑到技术方面而忽视其制度方面。而新制度经济学揭开了企业这一黑匣子,深入研究了制度在企业价值创造中的重要作用。制度要素主要作用于企业价值创造中的人的因素,技术、设备、原材料等物的因素最终都要通过企业中的人员来加以管理和使用。相同的技术设备在不同的管理团队与制度环境中,可能创造出完全不同的价值产出。因此,经济学、财务学等对于制度在价值创造中的研究还有很大的研究空间。

在制度因素方面,可以分为显性契约、隐性契约和行为方式。显性契约指明确规定的各种制度规章等。隐性契约也称为非正式制度,指难用明确文字表述的,但是事实上能够影响人们行为的惯例、习俗、氛围等。行为方式指企业中的经济主体对待经济活动的态度,如可以粗略地划分为忠诚或不忠诚,欺诈或负责任。企业职工采用不同的行为方式对待工作,会对工作成果产生重要的影响。现代制度经济学对正式制度与机制进行过深入研究，近年来对非正式制度、隐性契约、行为方式等也开始日益关注。

第三，企业完成价值生产以后，必须通过市场交易来实现价值。在企业内部完成价值生产以后，并不等于价值就已经创造成功了，还需要通过一个被马克思称为“惊险的一跃”的环节，才能真正实现价值，而“惊险的一跃”即实现市场交换。也就是说，企业创造的产品或服务必须通过市场检验，被市场承认以后才能真正算是价值创造实现。在这一过程中，有两个主要环节影响着价值的实现，一是市场规则，二是社会规则。首先价值顺利实现，必须按照市场交易规则的要求，在健康有序的竞争中取得竞争优势，才能更加顺利的实现销售，完成价值创造；其次，社会规则也是不可忽视的一个标准，企业生产经营必须考虑到社会标准、社会期待等因素的影响。如果一个企业未能有效达到社会对其的期待，即使其产品或服务的质量很高，且完全按照市场交易规则在运行，其价值实现过程还是会受到一定的负面影响。例如，汶川地震后万科集团因为捐款事件引发网友批评而导致其股价连续下跌，而王老吉凉茶则捐出巨资使得企业品牌价值迅速上升，这反映了社会标准对企业价值实现的重要影响。也正是基于此，诸如品牌、企业形象、商誉等与社会美誉、社会期待有关的因素正日益受到企业的关注。

通过对价值创造过程的梳理，可以发现其中应存在企业社会责任发挥作用的领域，尤其是在价值创造要素结合的制度条件和价值实现过程的社会规则方面。在制度条件中，特别是隐性契约和各主体的行为方式，决定着要素结合过程是否顺利，深刻影响着各主体的创造性、积极性和主动性，从而影响着企业的价值创造；在价值实现环节，企业的行为方式是否符合社会规则，能否构建和谐的社会网络关系，也是影响价值实现的重要因素。在新古典经济学的体系中，主要关注了价值创造中物质要素、技术条件和市场规则的作用，而对于制度条件和市场规则有所忽视。然而事实上，企业社会责任在价值创造过程中所起的作用并不会因理论界的忽视而消失。

通过对现有研究文献的归纳可以得出，企业社会责任将会通过企业战略、企业声誉、消费者关系、员工忠诚度等多方面来最终影响到企业价值创造目标的实现，如图4-4所示。

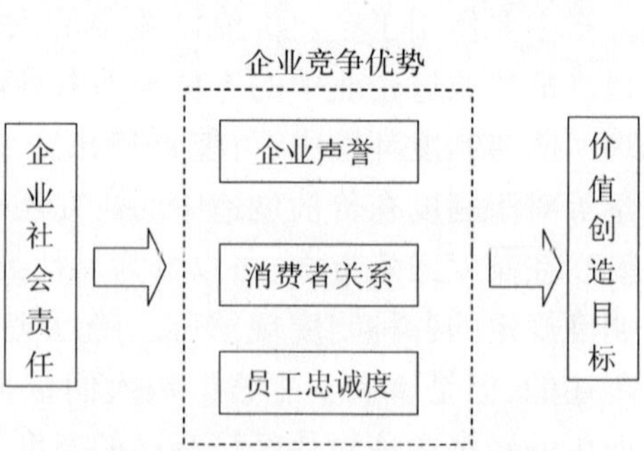

图4-4　企业社会责任与竞争优势形成

尽管现有研究文献已经从诸多方面研究了企业社会责任与价值创造的关系,并开展了实证检验,然而其中的主要缺陷在于对企业社会责任与价值创造之间的内在联系缺乏深入系统的分析,主要是通过声誉、消费者关系、员工忠诚度等变量构建两者的联系,显得较为零散,缺乏对企业社会责任与价值创造之间关系的系统分析,无法严格论证企业社会责任在价值创造中所发挥的重要的、不可替代的作用。另外,从实证研究来看,一方面结论尚不统一,另一方面即使得出企业社会责任与价值创造存在正相关的关系,也仅仅是对特定样本而言,无法从理论上回答为什么会存在正相关关系这一问题。因此,我们需要从企业价值创造过程出发,对企业社会责任在其中所发挥的作用、在哪些方面发挥作用等问题进行系统全面的分析,才能为企业社会责任理论研究奠定一个更为深入坚实的基础上。

4.2.2 社会责任在价值创造中的作用(理论解释)

对于企业社会责任在价值创造中的作用,现有的文献一方面通过实证研究来检验企业社会责任是否对价值创造起到了促进作用,尽管研究的结果并不统一,但是支持正相关的文献还是占了大多数,显示了企业社会责任对价值创造活动事实上能够发挥一定的促进作用,或者说最起码不是负面作用;另一方面,现有研究文献也在努力寻找企业社会责任与价值创造之间的逻辑联系,梳理归纳了企业社会责任对战略管理、企业声誉、品牌形象、职工忠诚度、消费者关系等因素的影响,并分析了由此对价值创造活动的促进作用。然而现有文献的研究是基于将社会责任界定为一系列行为(或具体活动)的基础上进行的,准确地说是梳理了社会责任行为和企业价值创造的关系,而本书的研究是建立在将企业社会责任界定为一种行为方式的基础上的。因此,本书将更加深入地分析社会责任行为方式对价值创造活动的影响,以及这一种行为方式在价值创造过程中所发挥的作用。

第一,企业社会责任行为方式有助于对机会主义动机进行抑制。机会主义动机是新制度经济学中的一个重要概念,被广泛应用于解释在不确定性条件下经济主体的行为方式,甚至已经成为新制度经济学一个重要的基本理论假定(Williamson,1979)。Williamson 将机会主义定义为:人们常以不诚实或者欺骗的方式追求自身利益的行为倾向。机会主义行为倾向以及不完全契约的影响,会导致事后监督成本过高或者事前有效投资不足,从而有损价值创造目标(聂辉华,2008)。对于如何抑制机会主义行为动机,Williamson 认为企业应建立科层制对员工进行监督和控制,从而有利于企业价值创造目标的顺利实现。杨瑞龙、胡琴(2000)曾将 Williamson 的这一观点归纳为如图 4-5 所示的基本框架。其中，通过科层制能产生归属感和信任感，并抑制机会主义倾向。然而，Williamson 的观点也受到了来自其他学者的批评，如 Granovetter 指出，Williamson 诉诸权威关系"以便驯服机会主义"的观点是对层级权力的过分强调，忽视了个人在社会网络中的嵌入性及其对创造信任的影响（Granovetter，1992）。Bradach 和 Eccles 同样认为交易伙伴之间的互相依赖可促进信任，而这与交易成本经济学中机会主义行为的核心观点形成了鲜明的对照。因此，除了 Williamson 所指出的科层制的官僚组织机构可以抑制机会主义行为动机以外，一种社会性的网络机制以及信任关系同样可以发挥抑制机会主义行为动机的作用，而这种信任、信赖的互动关系与企业社会责任行为方式的内涵是一致的，也就是说，企业社会责任的行为方式可以抑制经济主体机会主义的行为动机，从而实现促进价值创造的目标。

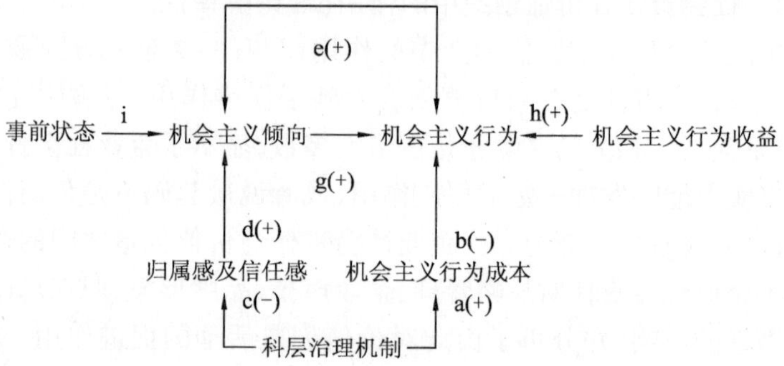

图 4-5 Williamson 机会主义理论基本框架

第二，社会责任行为方式可以促进信任的形成与扩散。信任在价值创造活动中所发挥的重要作用，以及在促进社会繁荣进步中的作用，已经被理论界所公认，因此，对于如何促进信任的形成和扩散成了理论研究的一个重点问题。从信任的产生基础来看，有学者提出诸如亲缘、血缘等关系是信任的基础，称为亲缘信任，然而在从传统熟人社会向现代公民社会演进的过程中，亲缘、血缘所能覆盖的范围已经无法满足经济活动日益发展的需要，因此，需要在更为广泛的基础中寻找信任的来源。Zucker（1986）归纳出信任产生的三种模式，指出信任可以分为来源于过程的信任、来源于特征的信任和来源于制度的信任。在 Zucker 的框架中，亲缘、血缘信任实际可以归纳到第二种"来源于特征的信任"这一类中。除了这一类信任来源之外，在现代社会中，来源于过程的信任和来源于制度的信任应当成为信任的主要来源。企业社会责任作为一种行为方式，可以作为"来源于过程的信任"的重要基础，因为来源于过程的信任强调通过多次的交往形成稳定的关系，并在这种互惠合作的互动关系中培养出信任，而这与企业社会责任行为方式的要求完全一致。因此，通过企业社会责任行为方式可以为“来源于过程的信任”提供广泛而坚实的基础，并成为现代社会信任的主要来源（王玲，2010）。

第三，社会责任可以为企业经营提供稳定健康的内外部关系网络与社会环境。新古典经济学为了运用数理模型进行理论研究的方便，在对企业经济行为的分析中将社会环境、关系网络、历史文化等对其的影响抽象化。然而正如福山所指出的那样，尽管新古典经济学理论对现实的解释在大部分场合仍然有效，但它仍然存在“百分之二十”不能解释的缺憾，这需要社会文化作为补充。其实在此之前，经济学之父亚当·斯密在其代表作《道德情操论》中就指出，经济活动是基于社会习惯和道德之上的，如果离开这些习惯和道德，人们之间的交易活动就会受到重大的影响，交易的基础就会动摇。然而斯密的这一观点远没有像其“看不见的手”那样得到经济理论的重视。尽管主流经济理论没有给予社会环境、关系网络、道德习俗等足够的重视，但是这些因素并不会因为理论的忽略就不对经济行为产生影响。事实上，企业的经济活动不可能在真空中发生，而是必须建立在一定社会环境与关系网络的基础上，能否有一个稳定健康的关系网络和社会环境，对企业经营行为影响重大。在为企业创造良好的社会环境与网络环境的过程中，企业社会责任作为一种行为方式，发挥着非常重要的作用。企业社会责任作为一种负责任的行为方式，强调合作、诚信、利他、互利等特质，这样的特质在“一还一报”（tit for tat）式的博弈过程中，可以促进合作方式的形成与巩固（刘友金、徐尚昆等，2007）。Axelrod 在《合作的进化》中，通过计算机重复模拟博弈过程得出，在 62 种博弈策略中，最终占优势的是“一还一报”（tit for tat）式策略。tit for tat 是善良的，却并不缺少报复性，但报复亦是有限的，并不是为了报复而放弃合作的收益。这种行为策略与企业社会责任行为方式的观点基本是一致的，因此，企业社会责任行为方式有助于形成经济主体间健康良好的关系网络。具体到企业价值创造活动中来看，企业采取社会责任的行为方式，可以与供应商、经销商、债权人、监管部门、中介结构等构建起良好的关系网络，同时一种负责任的行为方式也可以促进良好社会环境的形成，这些环境为企业在其中开展价值创造活动创造了有利条件。

除此之外，企业社会责任还可以直接为创造社会价值作出贡献。完整的价值概念不仅包括经济价值，还包括社会价值。企业在社会环境中从事生产经营活动，不仅创造着经济价值，同时也在创造社会价值。企业为社会价值所作的贡献可以包括诚实守信、尊重人权、劳工保护、环境治理、有序竞争、积极创新、热心公益等诸多内容，而社会价值的这些内容都与企业社会责任的概念是内在一致的（孙伟平，2009）。一个以负责任的态度进行经营活动的企业必然会对劳动者、环境、社会等尽到责任，而不会采取掠夺员工、掠夺环境等方式进行经营；一个以社会责任行为方式经营的企业也必然是一个良好的"企业公民"。因此企业社会责任行为方式还可以直接为提高企业的社会价值作出贡献。

综上所述，企业社会责任作为一种行为方式，会对企业价值创造活动产生重要的影响，是价值创造中不可忽视的重要因素。总的来看，企业社会责任对价值创造的促进作用可以分为行为引发层面和竞争优势形成层面，其作用机制可用图4-6表示。因此，对企业社会责任的研究，不能忽视或脱离企业社会责任在价值创造中的作用，而应建立在对社会责任的价值创造贡献充分认识的基础上。

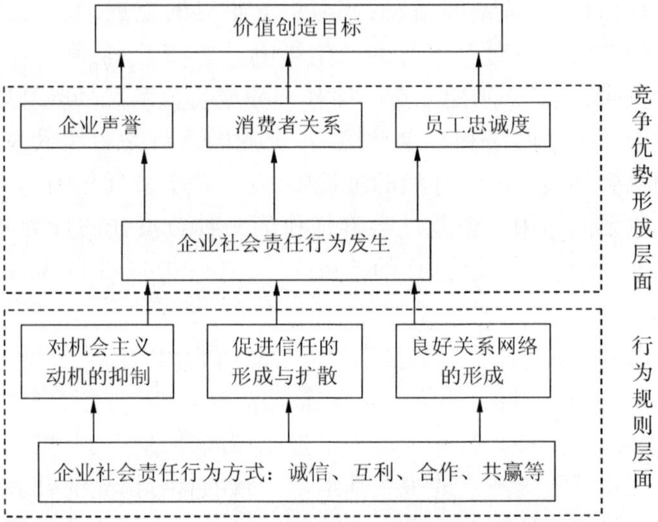

图4-6　企业社会责任对价值创造的作用机制

4.2.3　社会责任在价值创造中的作用（模型分析）

前面从价值创造过程中分析了企业社会责任在价值创造中的重要作用，主要从基础理论角度进行了解释，下面本书将利用不完全契约理论和博弈论模型证明社会责任在价值创造中能够发挥作用，并分析社会责任发挥价值创造作用受到哪些因素的影响。

根据本书对社会责任的界定，社会责任是在不完全契约情况下采取的与机会主义不同的一种行为规则，因此，我们可以基于不完全契约的理论成果来分析社会责任问题。不完全契约理论是新制度经济学重要的理论成果，以Grossman、Hart、Moore、Williamson、Tirole等学者为代表，突破了新古典经济学中完全契约的假定，通过研究契约的不完全性对经济行为产生的影响而形成了一个独立的理论体系。不完全契约的核心思想是，由于有限理性、信息不对称以及市场不确定性等因素，导致在交易发生前无法通过一份完整明确的契约来约定交易行为中可能出现的各种情况并处理，因此，投入专用型关系资源的那一方将会在交易中受到来自另一方的"敲竹杠"（hold up），于是由于不完全契约的存在，将会导致事前的专用型投资不足，从而使得经济活动无法实现社会最优状态。围绕如何降低由于不完全契约造成的效率损失，经济学家从司法干预、赔偿、治理结构、产权以及履约等多个方面构建了不完全契约的基本框架（杨瑞龙、聂辉华，2006）。聂辉华（2008）则通过修正不完全契约模型，指出声誉机制可以抵消"敲竹杠"的影响，使得在不完全契约条件下仍可实现有效率的专用性投资，并提出高能力者希望建立声誉从而可以实现最佳投资效率。

在现有针对克服不完全契约所导致的效率损失的研究成果基础上，我们认为社会责任这一行为方式也可以作为一种有效应对不完全契约的方式。现有的声誉机制研究大多以KMRW声誉模型作为基础。KMRW模型指出，在n次博弈中，前n－1次博弈者可能会采取伪装策略，即采取合作方式，直到第n－1阶段才暴露自己的非合作态度。因此，KMRW模型认为，如果博弈次数越多，双方就会越重视声誉的积累，只有在预计博弈将要结束，没有必要再去牺牲短期利益来维持声誉时，才会选择非合作行为方式。但是如果博弈双方进行的是无限次博弈，情况会怎样呢？

首先，我们假设在一次博弈中，甲、乙双方都有两种行为方式可以选择：负责任的方式和机会主义（即欺诈）的方式，相应的收益矩阵为：

	负责任	机会主义
负责任	(r_1, r_1)	(r_2, r_3)
机会主义	(r_3, r_2)	(r_4, r_4)

其中，$r_3 > r_1 > r_4 > r_2$。如果在无限次博弈中，某一交易方一旦发生机会主义行为，则在以后的博弈中，对方都会对其采取不合作的方式。因此，无限次重复博弈的收益矩阵为：

	负责任	机会主义
负责任	(R_1, R_1)	(R_2, R_3)
机会主义	(R_3, R_2)	(R_4, R_4)

其中,如果某一方欺诈,则可以获得收益 r_3,但此后各次收益只能为 r_4,因此,

$$R_3 = r_3 + r_4 \cdot p + r_4 \cdot p^2 + r_4 \cdot p^3 + \cdots = r_3 - r_4 + \frac{r_4}{1-p} \quad (1)$$

如果双方一直采取负责任的交易方式,则

$$R_1 = r_1 + r_1 \cdot p + r_1 \cdot p^2 + r_1 \cdot p^3 \cdots\cdots = \frac{r_1}{1-p} \quad (2)$$

其中,p 为交易双方对博弈重复发生逾期的概率,$0 \leqslant p \leqslant 1$。

分析(1)和(2)式,只要 p 越接近 1,则 R_1 将趋向于无穷大,也就是说,在无限次博弈中,如果双方都采取合作方式,即采取对对方负责任的行为方式,则双方的收益均会趋向于无穷大。因此,社会责任的行为方式可以通过改变博弈规则从而实现最优状态,对交易双方来说都可以提高收益。

4.2.4 社会责任在价值创造中的作用(一个简短的案例)

销售合同是经济活动中最常见的契约,是保护购销双方权利和义务的基础,如果一方出现违反合同的情况,另一方可以通过法律来保护自己的权益。然而在宏观经济环境剧烈变化的情况下,如何对待已经签订的合同,成了考验管理者智慧的一道难题。

2008 年全球经济危机来临之前,太阳能光伏产业异常繁荣,多晶硅价格超过 300 美金/千克,最高时甚至达到 500 美金/千克。此时,国内某大型多晶硅硅片供应商与诸多国际采购商签下了大量的供货合同。

然而金融危机突袭,光伏行业遭遇灾难性影响。在国际上,很多政府不愿意拿出补贴来支持光伏行业,光伏企业又面临资金链收紧,生产计划缩减。在这个时候,多晶硅价格最低降到 40 多美金/千克,几乎只是原有价格的 1/10。

"在这个时候,我们应该怎么办,我们完全可以要求客户履约,或者完全可以依靠法律手段要求履约,以最大限度地保护自己的经济利益。"该公司总裁说,"但是我们没有这么做,而是主动找到客户,考虑其实际情况,最后决定主动采取降低销售价格的策略,以帮助客户渡过难关。"

该公司总裁介绍说,之所以这样做是不希望中国的光伏产业链发生断裂,中国的光伏制造行业占全球的 70%,如果当时坚持要求履约,虽然保障了自己

公司经济利益，但客户会难以为继，中国光伏行业的发展将面临几年的倒退。企业当然要追求效益，但企业也要具有产业发展的眼光，要有胸襟，因为个体企业的生存，一定与整个产业链，与整个社会发展紧密联系，一个没有胸襟的企业很难成大器。

降价策略的实施事实上也带来了良好的效果。主动降价之后，很多资质不错的下游客户在危机时刻得到了喘息机会，趁机调整生产、经营策略，渡过难关。也为此，中国光伏行业在2010年获得了再度火爆的机会。通过这个事件，该多晶硅供应商与下游客户患难与共，得到客户的大力支持，目前全球前十大电池商，有八家都成为其主要客户，该公司也由此发展为全球最大的硅片供应商之一。

根据本书第二章的概念界定，企业社会责任是企业在契约不完全情况下可以采取的一种行为方式，在本案例中，市场环境发生巨大变化，的确是原有的购销合同所无法预见的，即是由于契约不完全导致的一种情况。在此情境下，企业选择的行为方式可以是法律维权，也可以本着对双方负责任的态度而共担风险。从该企业的做法可以看到，主流经济学所推崇的市场规则并不能完全解释经济行为，而采取一种负责任的方式对待合作伙伴，则更有利于价值创造目标的实现。从该案例中可以发现，本书所界定的企业社会责任在企业价值创造过程中具有重要作用。

4.3　本章小结

企业社会责任理论之所以长期受到来自主流经济学、管理学理论的批评和质疑，其中一个重要的原因在于主流经济管理理论认为企业社会责任活动偏离了企业目标，与企业这一经济组织的价值创造目标相矛盾，是额外强加到企业这一经济组织之上的一种负担，因此从理论与实践上都予以排斥。本章为了回应这一质疑，首先对企业的价值创造目标进行了完整理解，指出价值并不可以简单理解为会计利润、股东价值或者经济价值，而应全面理解为经济利润、利益相关者价值和社会价值，只有正确认识价值目标，才能准确理解企业社会责任在价值创造中的作用。其次，本章梳理了企业价值创造的基本过程，并在此基础上分析了企业社会责任作为一种行为方式，在价值创造过程中发挥的重要的、不可替代的作用。最后，本章通过构建一个博弈模型，对经典的KMRW声誉模型进行了修正，严格证明了社会责任行为方式在价值创造中发挥的作用。同时，本章也通过一个简短的案例佐证了这一观点。

第五章　公司治理：价值创造导向下的重新认识

在公司治理结构中是否需要纳入社会责任的内容，是本书拟要解决的重点问题，也是一个理论界尚存争议的问题。之所以存在争议，其中重要的原因在于主流公司治理理论体系中很难找到社会责任的位置。在社会责任呼声日益高涨的压力下，各种要求在公司治理中加入社会责任内容、要求公司治理更多地关注社会责任之类的观点，由于未能在公司治理基本理论体系中找到立足点而缺乏最基本的理论支撑，使得社会责任更多地以一种公司治理的额外负担的形象出现，这既不利于社会责任实践的推进，也不利于公司治理理论与实践的健康发展。因此，正确认识公司治理与企业社会责任的关系，其中首要的工作是对公司治理理论与实践持有正确的观点。只有对公司治理理论有了正确的认识，才能对公司治理中是否需要纳入社会责任这一问题有正确的回答。

5.1　公司治理的主要导向述评

公司治理理论经过长期发展，已经积累了丰富的研究成果，也形成了不同的理论导向。在公司治理理论体系中，有三个基本的理论问题是各种流派的公司治理理论都必须回答的，这三个基本理论问题即公司是谁的，公司由谁来控制，公司为谁服务，也正是基于对这三个基本理论问题的不同回答而形成了不同的理论导向（张维迎，1996）。刘金石、王贵（2011）曾将公司治理理论分为“股东至上理论”“利益相关者理论”和“组织控制理论”进行比较分析。以现有的讨论公司治理概念的文献以及涉及公司治理的规范和实证文献为基础，本书将公司治理概括为股东保护导向、制衡导向、利益相关者导向以及价值创造导向，在本节中我们将对前三种导向进行逐一评析。

5.1.1　股东保护导向

股东保护导向是公司治理理论中影响最大的一种导向，也是为主流经济学理论所推崇的一种导向，很多研究文献中都渗透着这种导向。股东保护导向的理论基础是 Jensen & Meckling(1976)所提出的委托代理问题。正是由于委托代理关系的存在，使得股东可能因为代理人的不尽责而蒙受损失，因而在公司治理中需要强调股东保护导向，这一思想成为了公司治理研究中重要的理论基础。Alfred Rappaport 在《创造股东价值》一书中系统地论证了股东价值优先于其他利益相关者的合理性。Shleifer & Vishny(1997)在对公司治理的经典定义中指出，公司治理主要是讨论以何种方式确保公司的资金提供者得到应有的收益。在 OECD 的报告中也指出，优良的公司治理能够增强投资者的信心，减少融资成本，强化金融市场的良好功能，并且最终吸引更为稳固的融资来源。

我国著名学者张维迎对公司治理的定义也是围绕股东而展开的。他认为，狭义地讲，公司治理结构是指有关公司董事会的功能、结构、股东的权力等方面的制度安排，广义地讲是指有关公司控制权和剩余索取权分配的一整套法律、文化和制度性安排，这些安排决定公司的目标，谁在什么状态下实施控制，如何控制，风险和收益如何在不同企业成员之间分配等问题。公司治理结构的目的是解决内在的两个基本问题：第一是激励问题，即在给定产出是集体努力的结果和个人贡献难以度量的情况下，如何促使企业的所有参与人努力提高企业的产出；第二是经营者选择问题，即在给定企业家能力不可观察的情况下，什么样的机制能保证最有企业家能力的来当经理(郑红亮、王凤彬，2000)。从概念界定中可以发现，股东保护导向的公司治理主要是围绕董事会建设展开的，核心是公司的剩余控制权和剩余索取权的安排，即公司最主要的权力和利益的配置问题。股东保护导向对上述问题的回答是公司的剩余索取权和剩余控制权应由董事会、股东大会来掌握，体现了股东保护的基本思想。

股东保护导向下的公司治理结构是基于存在委托代理问题而提出的，主要是分为股东(即委托人)和经理人(即代理人)两大主体来分析的。但随着研究的深入，学者发现在股东之间仍然存在委托代理关系，大股东可能会利用自身控股权优势实行对中小股东利益的侵占，因此股东保护导向的研究重点渐渐转移到对中小股东利益的保护上来。蒋琰(2004)从股东保护角度分析了我国公司治理结构，提出在我国公司治理建设的重点是如何在所有权集中的情况下保护中小股东的利益。

然而不管是针对股东整体利益的保护，还是强调中小股东利益的保护，股东利益保护导向的理论基础都是委托代理理论，核心都是通过公司治理制度安排对出资者利益进行保护，从而实现保护投资、提高产出的目标。归纳起来,股东保护导向下的公司治理的核心思想包括以下几点。

第一,企业是以为股东服务为中心任务的。在对最基本的理论问题"公司是谁的"这一问题的回答上,股东保护导向认为公司是股东的,公司主要是为股东的利益服务的。公司是由股东投资所形成的一个为股东实现财富增值的机构,经理人、员工都是股东雇佣的,是为股东利益服务的。从外部治理市场来看,建立股权流动市场,给予股东"用脚投票"的自由,也是对股东利益的一种保护,尽管是一种消极的保护,但是对经理人员同样产生一种压力和约束。

第二,股东所投入的物质资本是企业最重要的资源。在企业经营所需要的各种资源中,股东保护导向认为物质资本是最重要的资源,而劳动力、管理能力、专利技术等无形资本必须借助物质资本这一平台才能发挥作用,也就是说物质资本是具有一定"粘性"的(张维迎,1996),是企业最重要的价值创造要素。只有对物质资本的投入者提供了有效的保护,才能促进企业的发展进步。

第三,公司的剩余控制权与剩余索取权由股东掌握。在股东保护导向下,公司的剩余索取权和剩余支配权的安排都是为了实现股东保护的目的,也就是都由股东掌握,在这一意义上,公司治理与公司的所有权安排实际上是同一个意思(张维迎,1996)。股东保护导向认为,物质资源很容易被滥用,公司的剩余控制权与剩余索取权应该分配给股东,特别是投入物质资本的股东,才能有效地实施对职业经理人的监督。在两权分离的现代企业出现后,股东退出日常经营管理,职业经理人接过企业管理权,由此产生了如何保护股东投入的资源不受管理层滥用的问题,因此公司治理也就开始受到了理论和实践的关注。

这一理论导向可以用图 5-1 表示,认为公司最重要的资源是物质资本,而物质资本一旦投入到企业中,就会承担最大的风险,新制度经济学理论称此为被"套牢",因此必须通过公司治理机制来加以保护。只有建立企业有效的公司治理机制,保证股东所投入的资源得到合理使用,实现保值增值,才能保证社会财富不断增加。

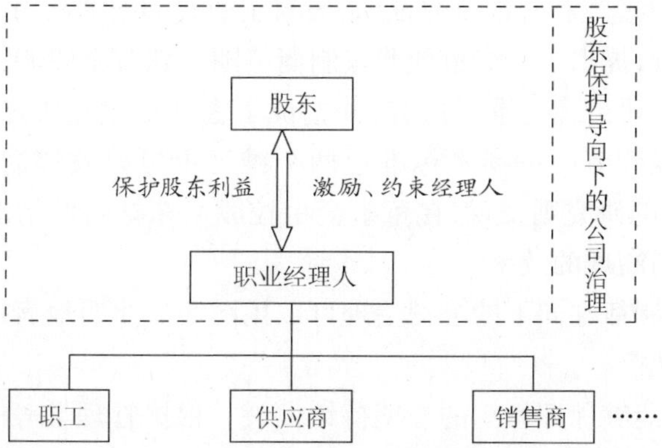

图 5-1　股东保护导向下的公司治理

5.1.2　制衡导向

制衡导向下的公司治理,其基本出发点是认为公司治理应该是一种保证公司能够长期持续发展的机制,制衡是这一机制中的重要内容。基于管理学的基本思想,制衡导向认为如果重大决策仅仅由一个人或少数人作出,那么发生决策失误的可能性较大,而且可能会对企业中其他的利益主体带来损害;如果是在一个力量制衡的环境下,通过反复磋商、严格论证和集体讨论而制定的决策,则会得到各方的接受并能对决策的质量提供较高的保证。因此,在公司治理结构中需要强调各种力量的制衡,通过制衡保证公司长期持续发展。

吴敬琏对公司治理的界定是制衡导向的典型代表,所谓公司治理结构,是指由所有者、董事会和高级执行人员即高级经理人员三者组成的一种组织结构。在这种结构中,上述三者之间形成一定的制衡关系。通过这一结构,所有者将自己的资产交由公司董事会托管;公司董事会是公司的最高决策机构,拥有对高级经理人员的聘用、奖惩以及解雇权;高级经理人员受雇于董事会,组成在董事会领导下的执行机构,在董事会的授权范围内经营企业。公司就是由这样的一个公司治理结构(法人治理结构)而不是由出资人个人来经营和管理的。在公司治理结构中,股东及股东大会与董事会之间、董事会与高层执行官之间存在着性质不同的关系,要完善公司治理结构,就要明确划分股东、董事会和经理人员各自的权力、责任和利益,从而形成三者之间的制衡关系。(郑红亮、王凤彬,2000)

制衡导向最直接的体现就是股权制衡,股份是公司治理中权力的基础,因此对于权力的制衡就体现在股权制衡上。在很多实证研究文献中,基于制衡思想这一理论基础,探讨了股权制衡程度与公司治理绩效的关系。例如:黄渝祥等(2003)通过理论和实证研究证明,股权制衡有助于抑制内部人掠夺行为,并通过数量分析,提出了一个最佳股权制衡范围。魏海丽(2005)指出,对经营者进行制衡是公司治理的重要内容,并论证了会计信息在决定经营者报酬水平和作为更换经营者时的参考标准这两个维度上可以发挥制衡作用。朱红军、汪辉(2004)的研究则发现,在董事会由控股股东把持的情况下,股权制衡并不能提高公司治理的效率。

归纳起来,制衡导向下的公司治理可以用图 5-2 简明地表示,其理论要点主要包括如下几个。

第一,制衡能够保证组织的长期持续发展。根据管理学等的基本理论,制衡的组织、制衡的权力以及制衡环境下作出的决策更能保证质量,更能有助于企业的健康发展。而一股独大、内部人控制等有违制衡的情况,都会导致企业为其中某一利益集团而服务,很可能出现严重的失误,偏离健康发展的轨道。

第二,公司治理通过机构设置和制度安排体现制衡思想。现代公司治理结构要求设立股东大会、董事会、监事会等组织结构,实现决策权、执行权和监督权的三权分立与制衡,这就在组织机构上实现了互相制衡。同时公司治理还建立了一系列管理制度,如决策、审批、监督等方面的制度,来保证公司的经营管理活动在互相制衡的环境中展开。

第三,制衡体现在公司治理的诸多方面。公司治理中的制衡,最初主要体现在股东与经理层之间的制衡。为了缓解委托代理问题,防止出现一股独大或者经理层内部人控制的情况,公司治理通过董事会、监事会以及总经理之间的制衡来解决委托代理问题。随着公司治理的不断发展,股东之间的制衡、股权与债权的制衡、内部治理与外部治理的制衡等也逐渐成为公司治理的重要方面。股东可以分为大股东和中小股东,这两者之间也存在一种委托代理关系,因此也需要实现这两者之间的制衡,防止出现大股东侵占中小股东或者中小股东搭便车的情况。于是独立董事制度便成为了现代公司治理中的一个强制性安排。再如公司的所有权结构中,股权和债权分别在不同的状态下对公司经营实施控制,二者的制衡对公司的健康发展也具有重要的意义。从社会的角度来看,公司的健康发展对公司本身和社会的进步都具有重要意义,因此除了公司的内部治理机制之外,还需要建立外部治理机制来形成制衡,从公司外部通过行政监管部门、资本市场、产品市场等对公司的行为加以制衡,以保证公司不至于失控。

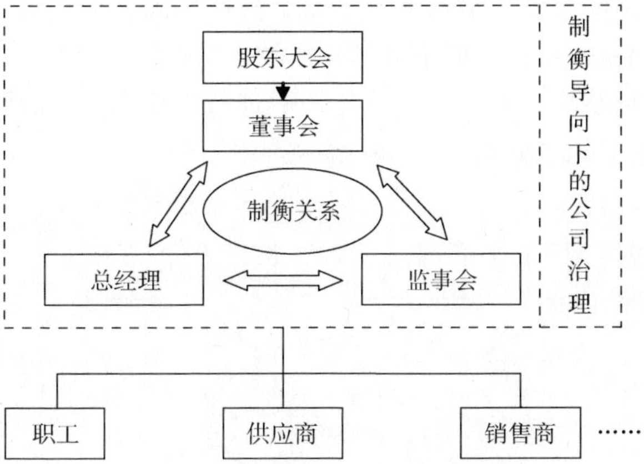

图 5-2 制衡导向下的公司治理

5.1.3 利益相关者导向

利益相关者导向是基于利益相关者理论提出的一种观点，自 1963 年斯坦福研究所在一份备忘录里提出了利益相关者概念后，这一理论便迅速发展。利益相关者理论深刻地改变了人们对公司的认识，对财务学、管理学和公司治理理论的发展等都产生了重要影响。利益相关者导向认为公司治理应该是所有利益相关者能够参与的一个过程，反映了公司治理理论的发展，从单一的股东导向发展到了利益相关者导向。利益相关者理论虽然提出的时间不长，但发展迅速，在利益相关者导向下的公司治理方面也积累了丰富的研究文献，具有代表性的包括如下一些。

杨瑞龙、周业安（2001）提出共同治理模式具有优越性，公司治理应从股东单边治理模式过渡到共同治理模式。李维安（2001）认为，公司治理是一个由主体和客体、边界和范围、机制和功能、结构和形式等诸多因素构成的体系。公司治理的主体为以股东为核心的诸多利益相关者，公司治理的客体由治理边界加以限定。公司治理机制包括激励机制、约束机制及决策机制，这些机制发挥作用的前提是存在合理的公司治理结构。公司治理结构包括内部治理和外部治理两个方面，内部治理基于正式的制度安排，外部治理则建立于非正式的制度安排基础上。李维安、唐跃军（2005）提出，在公司治理中应考虑到利益相关者的权益，鼓励利益相关者适当而有效地参与公司治理和管理，并设置了利益相关者治理指数用于反映利益相关者参与治理的情况，同时通过实证研究证明利益相关者参与治理对公司经营绩效有显著正相关关系。张先治、甄红线（2006）将公司治理理论分为基于股东价值和基于利益相关者价值两大模式,并指出在我国国有公司治理应借鉴基于利益相关者价值的治理模式,在公司治理中发挥利益相关者共同治理和相机治理的作用。

总的来看,利益相关者导向下的公司治理可以用图 5-3 简明表示,其理论主要观点包括如下几个方面。

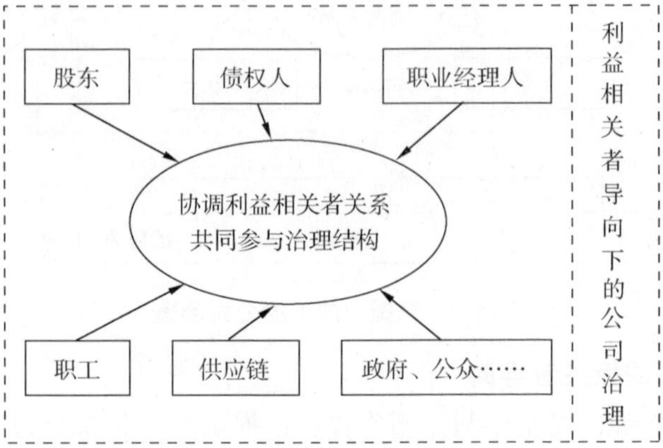

图 5-3　利益相关者导向下的公司治理

第一,公司是全体利益相关者的,而不是仅仅为股东一个主体的。这与股东导向下的观点截然不同。弗里曼在给利益相关者下的经典定义中指出,一个组织里的相关利益者是可以影响到组织目标的实现或受其实现影响的群体或个人。利益相关者导向下,公司不再被认为是股东所创立的一个组织,而是一个所有利益相关者共同参与的组织,这使得两种导向在如何看待公司这一基础性问题上有着显著的差异。

第二,在公司治理的权力利益分配中,必须考虑到所有的利益相关者,他们共同参与公司治理,形成共同治理格局。利益相关者导向下,公司治理不再是股东单边的格局,而是利益相关者共同参与的活动,比如公司的董事会中有来自债权人、供应商的代表,公司的监事会中有来自职工的代表等。从另一方面看,利益相关者导向下的公司治理从某种程度上可以看作是对制衡导向的进一步发展。制衡导向考虑到了股东和经理、大股东和小股东、股权和债权,而利益相关者导向则考虑到了更多主体之间的制衡,最终形成了共同治理格局。

第三,公司治理服务于所有利益相关者的利益。在这一导向下,各个利益相关者将以不同的形式分享公司治理的权力和利益,公司治理相应地在制度设计、权力配置、利益分配等方面也应按照服务于所有利益相关者的目标来进行设计。

5.2 价值创造导向下公司治理理论的统一与发展

公司治理的三种主要导向反映了学者们对公司治理的不同认识,其中各种理论导向之间既有共同之处,也存在争议。本书认为,上述几种导向存在的争议,并不是针锋相对的冲突,而是站在不同立场上对公司治理产生的不同认识。但如果对几种主要的理论导向不加以协调,将会导致公司治理在理论上的争议和实践中的迷茫。因此,需要构建价值创造导向下的公司治理理论,对现有的三大导向进行统一,并在此基础上拓宽公司治理的研究空间,将公司治理研究推向深入。

5.2.1 价值创造导向下公司治理三大导向的统一

将现有的三大公司治理导向放到价值创造的视角下看,虽然相互之间存在一定差异,但都能统一于价值创造导向。三大导向是互有侧重,各自偏重于价值创造的某一方面。

首先,股东保护导向的基础是认为股东是最重要的价值创造要素的提供者。在价值创造的视角下,公司进行价值创造活动需要建立在各种价值创造要素的基础上,各种要素的重要性程度不同,因而需要给予不同的关注。在很长一段时间里,物质资本都是价值创造中最重要的要素,因此,提供物质资本的股东就成了企业最重要的资源的提供者,也自然成了企业的核心。同时由于物质资本的流动性较差(这里特别指一旦投入企业以后)的特点,为了保护物质资本提供者的积极性,需要将企业的剩余控制权、剩余索取权分配给股东,从而形成了股东为主导的公司治理结构。因此,股东导向的公司治理格局是建立在股东以及股东所提供的物质资本在价值创造中的重要作用的基础上的。然而股东导向也是近来饱受批评的一种导向,特别是在美国2008年金融危机以后,理论界和实务界都开始反思这一导向。中国工商银行董事会办公室公司治理课题组在对金融危机的反思中认为股东利益导向可能会促使股东和管理者过度冒险,从而有损其他利益相关者的利益。

其次,制衡导向是从决策质量角度来保证价值创造的。制衡导向侧重于价值创造过程中的决策活动以及企业内部控制活动等。从保证企业长期持续发展的角度看,一方面要求战略决策不能失误,另一方面要求企业不能出现一个利益主体过度膨胀,从而侵害其他利益主体的利益。而这些都需要制衡来予以保证。但过于追求制衡,可能会导致公司官僚主义行为方式盛行,从而会

导向进行统一的基础上,将公司治理研究的重点从股东、债权人、经理层、资本市场等主体的层面提升到价值创造的层面,并将研究的重点直接针对价值创造要素、价值创造模式等,这样的定位更加直接服务于价值创造活动,也会更有效地促进价值创造活动。例如,Ramly et al.(2010)的研究发现,公司治理不仅从降低代理成本、抑制经理人机会主义动机的角度为企业创造价值,还可以通过对股东、债权人等投资的保护降低资本成本,从而有助于提升企业价值。

5.3.3 价值创造导向下公司治理框架的构建

价值创造导向下的公司治理,在前文所述的定位的基础上,对于公司治理中的三个基本问题——公司是谁的、公司由谁来控制、公司为谁服务,也有自己的回答,并基于此构建起公司治理的基本理论内容。在价值创造导向下构建的公司治理理论将会加深对公司治理的理解和认识,为理论的发展作出新的贡献。归纳起来看,可以将前述三大公司治理导向与价值创造导向下的公司治理理论主要内容通过下表简明地表达出来。

表 5-1 公司治理理论导向对比

	公司是谁的	公司治理的目标	公司剩余控制/剩余收益权分配	公司治理机制核心内容
股东保护导向	股东	保护股东利益	股东	公司治理机制的设计围绕如何保护股东利益
制衡导向	股东	保护股东利益	股东	公司治理机制设计以制衡为核心,包括股东与管理者、股东之间、管理者之间的制衡
利益相关者导向	利益相关者	利益相关者价值最大	利益相关者共同治理	公司治理为了服务于全体利益相关者
价值创造导向	利益相关者	企业价值最大	价值创造中最关键的要素	公司治理为了服务于企业价值创造目标

具体地看,价值创造导向下的公司治理理论强调这样几点:

第一,对于公司是谁的、公司由谁来控制、公司为谁服务这三个基本问题,价值创造导向下的公司治理理论仍然采用利益相关者理论的基础,公司是一个由各种利益相关者共同组成的组织,公司本身不是一个"虚拟",而是一个实体,为了实现价值创造的目标,让各种利益相关者都能分享价值创造带来的成果,也就是说,公司是属于利益相关者的,由利益相关者来控制的,为了价值创造目标而经营的。然而,利益相关者理论仅仅是作为一个基础,并不能给公司治理理论提供更为具体明确的理论和实践指导,毕竟在公司治理的权力和利益格局中，还需要在各个利益相关者中进行具体的安排。因此，在利益相关者理论基础上，还需要进一步分析价值创造活动，以价值创造为导向构架公司治理结构。

第二，公司治理中的权力和利益分配应基于各个利益相关者在价值创造活动中的重要程度。公司的最终目标是价值创造，公司治理应服务于价值创造，那么在公司治理机制中最重要的控制权、索取权等权力就应当根据价值创造模式，分配给在价值创造过程中发挥最重要作用的主体和要素。比如，股东主导的公司治理模式，其内在理论基础在于股东以及股东所贡献的物质资源是企业最重要的价值创造要素，在价值创造活动中发挥着最重要的作用，而大多数行业以及经济发展的绝大多数阶段都处于物质稀缺的阶段，所以股东保护导向的公司治理理论成为了主流。但是从价值创造导向来看，股东主导型虽然比较普遍，但并不是唯一合理的公司治理模式，当价值创造模式发生改变时，股东主导型的公司治理结构就会变得不合时宜。比如，在现代高新技术或者新兴服务业，股东在公司治理中的权力退居其次，而人力资源的所有者会在公司治理中分享到更多的权力，这一切都是基于价值创造模式而定的。

第三，与传统的公司治理结构相比，价值创造导向下的公司治理有着更丰富的内容。着眼于价值创造的公司治理理论，能够更直接地为价值创造这一最终目标服务，能够关注到原有的公司治理结构中被忽视的但对价值创造起到重要作用的一些因素，如隐性契约、行为方式、社会规则等。这些因素在原有的公司治理理论体系中没有涉及，因而对实践也无法进行解释和指导，而从价值创造导向来构建公司治理结构的话，凡是有利于价值创造的因素都不应排除在公司治理之外。所以，价值创造导向的公司治理必须关注隐性契约、行为方式、社会规则等因素，将其纳入公司治理范畴，并从公司治理的制度设计层面分析如何对这些要素加以管理。

第四，从外部治理方面看，基于价值创造的公司治理理论需要关注外部环境中影响价值创造的因素。从价值创造的过程来看，外部环境对价值创造活动的影响主要是基于价值实现环节来影响价值创造的。在这一环节中如果要顺利地实现市场交易，除了服从市场规则之外，还必须适应社会规则。所以，基于价值创造的公司治理机制（特别是外部治理机制）的设计必须将对社会规则的适应和协调纳入到公司治理结构中来，必须认真重视并积极管理好企业与社会的互动关系。从监管部门的角度来看，构建外部治理机制也必须注意到除了市场规则之外的社会规则对公司行为的约束和影响，并有效地利用这种社会力量来引导公司行为。

5.4 本章小结

公司治理理论内容非常丰富,讨论公司治理中的特定问题,首先必须对公司治理理论框架有全面完整的认识,否则很容易使研究工作误入歧途。我们在对公司治理理论进行归纳的基础上,概括出三种主要的理论导向:股东保护导向、制衡导向和利益相关者导向。在比较这三种理论导向的基础上,本书认为这三种导向的差异并不绝对矛盾,是由不同的研究导向决定的,当从价值创造导向对公司治理进行分析时,可以对三种导向进行统一。基于价值创造导向构建公司治理理论,可以获得对公司治理更加系统全面的认识,同时也可以为公司治理研究拓展更加广阔的空间,为下文分析公司治理与企业社会责任奠定坚实基础。

第六章 公司治理与企业社会责任：价值创造导向下的融合

价值创造是企业的终极目标，在这一目标的指导下，对社会责任和公司治理两个问题都可以有更加深刻的认识。那么，公司治理和社会责任之间是如何统一于价值创造目标的呢？在价值创造导向下两者又有着怎样的逻辑联系和互动关系？这一部分，我们试图在价值创造导向下，深入分析公司治理与社会责任的相互关系，从理论发展历程对公司治理与社会责任的发展进行梳理，并试图回答一个关键的基础性理论问题——在公司治理中为什么需要嵌入社会责任的内容。

公司治理与社会责任，在传统的理论体系下分属于不同的理论体系中，企业社会责任涉及更多的是企业伦理学领域的问题，公司治理涉及更多的是管理学、财务学领域的问题，尽管实践上公司治理中都或多或少地涉及社会责任的内容，但是，基本上都是作为公司治理的一个额外负担、更高要求等形式出现的。对于公司治理与社会责任的内在逻辑关系一直缺乏深入的研究，也就不能为公司治理与社会责任的融合提供坚实的理论支持。

然而，当从价值创造的视角来进行分析时会发现，公司治理与社会责任具有深刻的内在联系，这种联系是源于理论核心的，是建立在坚实的理论基础上的。但是，随着价值创造模式的演变，公司治理与社会责任之间的关系也发生了变化，经历了一个从分流到融合的历史演变过程，这一过程同样是在价值创造导向下发生的，从价值创造视角能准确解释并预见公司治理与社会责任的历史变迁。

6.1 公司治理与社会责任的统一

尽管目前主流的经济学、管理学理论仍然将社会责任拒之门外，现有的讨论社会责任与公司治理的文献也大多将社会责任作为一种额外负担附加于公司治理之上，但是，从价值创造的视角来看，公司治理与社会责任有着共同的理论源头，同时还有坚实的内在逻辑一致性。

6.1.1 公司治理与社会责任的共同源头

公司治理与社会责任的内在统一首先表现在两者有着共同的理论源头。当我们对两者进行理论溯源，可以共同追溯到现代企业的出现这一理论源头上。

（一）公司治理理论溯源

公司治理虽然自20世纪80年代以后才逐渐引起理论界的重视，但是公司治理问题的源头则可以追溯到20世纪初现代企业的诞生（韵江、高良谋，2005）。与古典企业不同，在现代企业中公司治理问题才具有了特别重要的意义。

在现代企业诞生之前，企业的形式以业主制和合伙制为主，即处于经济学上所讲的古典企业阶段。这一阶段，企业的规模相对较小，所有者与经营者合一，并往往都以家族成员为主体，企业外部的资本市场尚未形成，金融业不发达，产品市场规模也相对较小。古典企业在经营管理上表现出两个显著特点。第一个显著特点是产权结构单一。在古典企业阶段，由于资本市场不发达，企业资本主要靠企业主个人或家庭的投入，并主要通过企业内部积累来扩充资本，通过外部信贷市场或资本市场获取资本的比例较少，因此，这一阶段的企业，其规模较小，产权结构也比较单一。单一的产权结构使得企业的责权利更加明晰，企业无需投入更多的精力来协调各类资本投入者之间的关系，也无需设计各种制度来保护股东以及债权人的权益。所以在古典企业阶段，单一的产权结构使得公司治理的投资者保护问题显得不那么重要。古典企业的第二个显著特点是两权合一，企业所有者往往同时是经营者。两权合一使得企业主享有完全的剩余索取权和剩余控制权，企业主必须对其所投入的资产负责，同时也必须对其各项经营决策负责，而且在古典企业阶段基本上都是承担无限责任，这样使得古典企业中激励约束问题显得相对次要，索取权与控制权的统一使得企业所有者天然具有相应的激励与约束。因此，在古典企业阶段，两权合一使得围绕所有者与经营者之间责权利配置的公司治理安排失去存在的价值。总的来说，在古典企业阶段，公司治理尚未作为一个独立的研究问题而存在。

随着经济社会的发展，在20世纪二三十年代，支薪经理的出现以及企业规模的膨胀使得企业性质发生了“革命性的变化”，进入以股份制、有限责任制以及职业经理人为主要特征的现代企业阶段，公司治理问题便具有了特别重要的意义，公司治理也逐渐成为了企业实践和理论研究的重要课题。

与古典企业的单一产权不同，现代企业有着复杂的产权结构。由于股份制的产生以及资本市场和金融服务的发达，现代企业迅速集中起大量的资本，企业的规模迅速膨胀，但同时企业的产权结构也日趋复杂。在这样的背景下，如何协调各类资本投入者之间的关系，如何保护资本投入者的权益，如何配置各类资本投入者的责任与权力等便成了一个至关重要的问题，企业所有权的制度安排以及董事会、监事会的机构设置成了企业要认真对待的问题。现代企业的另一重要特点就是经营权与所有权的分离。职业经理人登上历史舞台，掌握了企业经营权之后，由于所有者与经营者有不同的利益需求，如何激励经理人努力工作并约束其机会主义行为就成了公司治理的中心问题之一。因此，在所有权结构复杂、两权分离的现代企业中，公司治理才成为一个重要的理论和实践问题，现代企业的诞生是公司治理理论的源头。

（二）社会责任理论溯源

社会责任思想是一个古老的思想，最早可以追溯至古希腊时代。但在其漫长的发展历程中主要以讨论个人的社会责任为主，企业社会责任真正引起人们的关注则是从现代企业的诞生开始的。

古典企业具有私人性和依附性，这使得古典企业的社会责任问题尚未凸显。在古典企业阶段，企业的组织形式主要是私人业主制或合伙制，企业与特定自然人关系密切，受到自然人个人因素影响较大。同时古典企业中，家庭作坊式以及家族企业式非常普遍，企业大多是依附于家庭或家族而存在的。古典企业的私人性与依附性决定了古典企业的社会责任问题更多地表现为企业主个人的社会责任问题，即企业主个人对社会、对家庭负有怎样的责任，而企业本身的社会责任则隐藏在了企业主或家族背后，尚未单独作为一个问题而存在。

在现代企业出现之后，随着企业作为一个重要的社会组织登上历史舞台，在社会经济生活中的影响越来越大，企业的社会责任问题开始逐渐受到人们的关注。

现代企业与古典企业相比，首先具有更强的独立性和公共性。由于股份制和有限责任制的产生，企业可以摆脱自然人的影响，作为一个独立法人存在，这就为企业承担社会责任奠定了制度基础与组织基础。另一方面，股份制拓宽了企业资本的来源，扩大了股东的范围，也同时使得企业具有了一定的公共性，特别是公开上市的公司，必须定期对外公布企业的财务报告以及其他重要信息，这使得上市公司具有了重要的社会影响，也成了现代企业承担社会责任的一个重要原因。其次，现代企业通过资本市场可以迅速集中起大量资本，并且可以通过并购迅速扩大企业规模。现代大公司所雇用的员工、产品生产销售的规模以及对社会的影响都是古典企业所无法企及的,这使得现代企业在经济社会中拥有了巨大的权力和影响力。而根据戴维斯提出的"权力—责任模型",公司的社会责任来自于它所拥有的社会权力,责任就是权力的对等物(沈洪涛,2007)。所以,企业社会责任问题在现代企业诞生后显得更加突出,其理论源头应该追溯至现代企业诞生。

从古典企业到现代企业,不仅是经济发展史上的一次飞跃,也是价值创造模式的一次飞跃。现代企业的价值创造模式中,强调了两权分离、科学管理、激励约束等要点,因而能够极大地调动与发挥各种生产要素尤其是管理能力的积极性,推动了生产力的大发展。而现代企业的诞生,也改变了社会依存关系,使得大多数人的生存发展轨迹开始与企业这一组织紧密相连;企业这一庞然大物的出现也改变着社会结构,使得企业在创造了巨大社会财富、拥有了影响社会发展的巨大权力的同时,也被社会赋予了更高的期望,要求企业以更加负责任的方式来处理与社会的关系。

20 世纪初现代企业的出现是企业发展历史上的一次伟大的革命,不仅是企业自身发展历史上的一次质的飞跃,同时对企业与社会的关系等也产生了重大影响,使得现代企业独立成为市场经济中一个重要的主体,现代企业的诞生也因此成为了公司治理与社会责任问题的共同源头。

6.1.2 公司治理与社会责任的内在统一

公司治理与企业社会责任不仅有着共同的理论源头,而且有着严格的内在统一性,这个统一性表现在两个方面:首先表现在两者有着共同的理论内核——责任,其次表现在两者统一于共同的目标——价值创造。

(一) 公司治理与社会责任共同的理论内核——责任

1. 公司治理中的责任概念

公司治理理论经过长期发展,理论内涵已相当丰富,包括了机制设计、制度分析、机构设置等,但是责任概念一直是公司治理中的一个核心概念之一。

从公司治理的起源来看,受托责任是公司治理产生的重要原因。如前所述,所有权结构的复杂是公司治理产生的重要原因。复杂的所有权结构下,企业对来源于信贷市场和证券市场的各种资本提供者所承担的受托责任就显得更加突出,因此为了保证受托责任的实现而产生了相应的公司治理安排。同时,两权分离带来的委托代理关系也是公司治理问题产生的原因之一。与委托代理关系相伴而生的一个重要问题就是受托责任,受托人应对委托人赋予的权力承担相应的责任。在公司治理中,因委托代理关系产生的受托责任非常普遍，如：董事会作为全体股东的代表，负有对全体股东的受托责任；总经理对董事会负有受托责任；中层经理对总经理负有受托责任；等等。

从对于公司治理的定义来看，学者们从不同角度提出了很多不同的定义，有的从企业的组织设置与制衡角度，有的从所有权安排角度，还有的从决策机制角度。例如，张维迎认为，狭义的公司治理是指关于公司董事会的功能、结构、股东的权力等方面的制度安排，广义地讲是指有关公司控制权和剩余索取权分配的一整套法律、文化和制度性安排等；吴敬琏认为，公司治理是由所有者、董事会和高级执行人员所组成的一种组织结构，这三者之间存在一种制衡关系，完善公司治理结构就是要明确划分股东、董事会、经理人各自的权力、责任和利益，形成有效的制衡关系；林毅夫认为，公司治理是所有者对经营管理和绩效进行监督和控制的一整套制度安排。

从公司治理的概念分析中可以看出，尽管公司治理表现为各种制度安排、决策机制与组织设计等，然而这些设计安排的根源仍然是责任，即一种受托责任，相应地，公司治理的各种具体安排也都围绕着责权利的制衡而展开。因此，责任是公司治理一个贯穿始终的理论内核。

2. 企业社会责任中的责任概念

与公司治理理论把责任隐含在各种机制设计与制度安排中不同，在企业社会责任概念中，责任被放在了一个十分重要的地位而明确提出。从最早的克拉克 1916 年提出“社会责任中有很大一部分是企业的责任”这一思想，到 1953 年鲍恩在《商人的社会责任》中明确指出“商人具有按照社会的目标和价值观去确定政策、作出决策和采取行动的义务”，我们可以看到，社会责任思想强调的是企业对社会目标和价值观所应承担的责任。20 世纪 70 年代以后，社会责任思想逐渐丰富，提出了企业社会责任回应（CSR）和企业社会责任表现（CSP），进入 21 世纪以来提出了公司公民（CC）概念等，尽管社会责任理论和实践不断丰富，但是在这其中，责任始终处于核心地位。学者们围绕企业应不应该承担社会责任、承担社会责任对企业的影响以及如何承担社会责任等问题进行了广泛深入的讨论。

从企业社会责任思想的概念及其发展来看，这一思想始终是围绕着责任这一核心展开的，从企业是否应对除经济职能以外的社会标准承担责任，到企业应该承担哪些社会责任，再到企业应该如何承担社会责任等，企业社会责任理论的发展中，责任一直是一个重要的理论内核。

3. 责任是公司治理与企业社会责任的共同内核

公司治理与企业社会责任，其理论体系的核心都提到了责任这一概念。

公司治理主要围绕受托责任和责权利配置等而展开,企业社会责任理论则直接强调企业对社会需要和社会发展等负有责任。尽管在各自的理论体系中,对责任的表述有所不同,但是这两个理论所提到的责任,其内核仍然是相同的,即责任是一种应当承担的任务或者使命。在公司治理中,责任强调的是企业对投资者、员工、政府等应承担的任务,管理者对投资者应承担的任务等;在企业社会责任中,责任强调的是企业对社会发展所承担的任务和使命。因此,从概念本身来看,公司治理和企业社会责任中的责任概念是一致的,责任是公司治理与企业社会责任共有的理论内核。尽管二者自现代企业诞生后各有侧重并各自发展成一套独立完整的理论体系,但责任概念一直贯穿于各自理论发展的始终,同时也成为两者今后融合发展的基础。

(二)公司治理与社会责任统一于价值创造目标

前面分析了社会责任在价值创造中的作用,又构建了一个价值创造导向下的公司治理结构,在价值创造这一目标下,社会责任与公司治理之间便产生了严格的逻辑关系,这一关系可以从以下几个方面进行论证。

第一,社会责任是价值创造中的重要因素,在价值创造中起到重要作用。企业为了更好地实现价值创造目标,应通过各种制度安排、技术手段等措施激发价值创造要素,更好地整合价值创造要素,或者优化价值创造流程。企业社会责任作为价值创造过程中的重要因素,是企业不应忽视的。

第二,公司治理必须服务和服从于价值创造导向,对价值创造过程中发挥作用的要素,公司治理必须进行有效激励。从逻辑关系上看,社会责任是价值创造的要素,公司治理是服从和服务于价值创造目标的。因此,公司治理中不应忽视社会责任要素,而应通过公司治理的相关制度安排,使得社会责任要素更好地发挥作用。

基于价值创造视角的公司治理,能够突破现有的公司治理研究中存在的过于注重细节而忽视整体的局限性,能从整体上认识和重构公司治理机制,对主要的价值创造要素加以关注和激励。对于社会责任问题,现有的公司治理理论框架难以找到其定位,反映了现有公司治理理论的不足,然而传统公司治理理论上对社会责任的忽视和实践上的接纳形成了一对矛盾。因此,只有从价值创造导向进行梳理,才能为公司治理与社会责任找到坚实可信的内在逻辑联系。

6.2　公司治理与社会责任的分流

6.2.1　公司治理与社会责任分流的表现

尽管前面论证了企业社会责任与公司治理有着共同的理论源头,有共同的理论内核,在价值创造目标的指导下还具有严格的内在逻辑联系,但是一个无法否认的事实是,公司治理与企业社会责任理论在长期的发展中是互相分立,甚至是互相对立的,这种理论分流发展表现在诸多方面。

第一,公司治理中没有社会责任的位置。现代公司治理理论的理论体系基于委托代理问题而展开,涉及的主体主要是股东、职业经理人,随着理论研究的深入,又开始关注第二类代理问题即大股东与中小股东之间的代理关系。在外部治理机制中,主要关注了政府监管部门、资本市场、产品市场、要素市场等对公司内部治理行为产生的影响。在公司治理的具体制度安排上,主要关注了激励约束问题,围绕如何激励代理人努力工作、约束代理人的机会主义行为等展开了公司治理机制的种种设计安排以及公司的组织机构设置、权力分配等;在外部治理机制设计中,主要关注了如何通过外部资本市场、产品市场、监管部门等对企业的经营行为进行有效引导,即利用外部因素对公司实施激励约束。归纳主流公司治理理论的主要体系,在其中很难找到对社会责任的关注和安排。当然,基于利益相关者理论的公司治理理论认为企业社会责任是公司对社会应当履行的责任,因为社会也是公司的利益相关者之一。然而这一观点中所指的社会毕竟过于广泛,同时也并非利益相关者理论所重点研究的直接利益相关者、核心利益相关者等,从理论体系上来看,仍然是外部给公司治理理论附加上了一块社会责任的内容。因此,总的来看,主流公司治理理论框架中并未给企业社会责任留下应有的位置。

第二,社会责任理论对公司治理的忽视。公司治理理论体系中没有社会责任的位置,同样,在现有的社会责任理论体系中,也未能关注到公司治理应有的位置。企业社会责任理论形成以来,首先要面对的一个问题就是回应主流经济学、管理学的质疑,因此早期的企业社会责任理论是伴随着两次大的论战发展起来的(沈洪涛、沈艺峰,2007)。通过论战确立了社会责任的理论地位以后,社会责任理论的研究从社会与企业互动的角度展开。从社会对企业的预期,到企业对社会预期的回应,再到如何成为一个良好的“企业公民”,企业社会责任理论的发展主要是把企业作为一个组织置于社会环境中来考察,这样的分析修正了主流经济理论中“零嵌入”(李心合,2009)的缺陷,对于准确认识企业经营行为是一种巨大的进步。但与此同时,企业社会责任理论一直把企业作为一个整体来研究其社会责任行为,未把研究触角伸进企业经营管理活动内部,没有从企业内部管理机制上为企业社会责任的履行找到坚实的落脚点。总的来看,在企业社会责任理论框架中,也没有关注到公司治理的内容。

第三,公司治理对社会责任的抵制。由于主流经济学、管理学理论的影响,在公司治理理论中不仅没有社会责任的位置,同时对企业承担或履行社会责任还存在一定的抵制,认为履行社会责任会干扰企业的正常运营。其中主要的抵制理由包括两大方面:首先认为企业是经济组织,其主要的功能就是经济活动(满河军,2007),将社会责任归属到道德领域,从而在公司治理机制中将企业社会责任排斥在外;其次认为企业社会责任不存在,只存在商人或企业家的社会责任(蔡宁等,2006),将社会责任的主体从企业转移到个人,从而在公司治理结构中将社会责任排斥在外。

第四,社会责任对公司治理的强加。随着企业社会责任理论的发展,在全社会范围内要求企业承担社会责任的外部压力也日益增加,出现将企业社会责任从外部强加给企业的趋势。所谓强加的表现,就是站在政府、社会团体、消费者、新闻媒体等角度,对企业提出社会责任方面的要求,但很少解释企业为什么要承担社会责任,很少给予企业如何承担社会责任的指导。这一种单方面的要求使得社会责任表现为一种强加给企业的负担。这种强加看似是将企业社会责任与公司治理结合在一起,但是这种没有共同理论基础和内在逻辑联系的强加,却反映了两者在事实上的理论割裂和分立,不仅无法取得预期的效果,甚至还会引起更严重的对立。

6.2.2 公司治理与社会责任分流的原因

公司治理与企业社会责任的分流发展表现在理论和实践的诸多方面,这不仅束缚了各自理论的进步,同时也会阻碍实践的发展。要突破公司治理与企业社会责任各自分流的现状,首先必须深入分析导致理论分流的原因。

第一,公司治理与社会责任关注了不同的研究对象。公司治理研究之初,围绕着两权分离带来的委托代理问题,以激励约束为中心展开了对股东与经理关系的研究。在此之后,公司治理研究的范围也逐渐扩大,从企业内部的制度安排与机制设计,到企业的董事会、监事会等机构设置,再到企业外部治理如资本市场、银企关系等,公司治理围绕着企业的各类利益主体,就各主体之间的协调与激励等问题展开了深入研究。总的来看,公司治理关注的是企业主要的利益相关者之间激励约束的制度安排,并且扩展到企业外部制度安排,如政府监管、资本市场、产品市场、经理人市场等。因此,公司治理的主要研究对象是公司主要的内外部利益相关者以及他们之间的相互关系。企业社会责任理论的研究对象则始终围绕着企业与社会的关系展开,以企业社会责任作为核心概念和主要研究对象。具体来看,企业社会责任理论首先针对企业社会责任的概念展开研究,虽然目前对企业社会责任概念的界定仍然有很多争论,但是各种不同视角、不同理论基础的定义也同时加深了对企业社会责任的理解和认识。其次,经过了20世纪30年代的伯利与多德关于管理者受托责任的论战,以及20世纪60年代伯利与曼尼关于现代公司作用的论战,社会责任理论不断丰富和发展。经过论战,社会责任思想基本确立之后,理论界对企业如何承担社会责任以及承担社会责任的经济后果等问题相继展开了深入的研究。总的来说,围绕"企业社会责任的概念界定—是否应履行社会责任—履行的经济后果—如何履行社会责任"这一逻辑,企业社会责任形成了自己的理论体系。

第二,公司治理与社会责任有着不同的方法论体系。公司治理在发展过程中逐渐融入了主流经济学的框架,采用了主流经济学的基本假设和方法论体系,特别是制度经济学、信息经济学以及契约理论等分析理论成果,并大量采用实证分析等研究方法。由于采用了主流经济学的分析思路,公司治理在研究中更多地关注了企业的经济性质,以"经济人"为前提假设来研究公司治理机制与行为,从而自然而然地将公司的社会性一面暂时地抽象化了。社会责任理论研究中,因其更多地把企业作为一种社会组织来进行研究,更多地关注到了企业的社会性,所以主要运用了社会学、管理学、伦理学等理论工具,采用规范分析、概念分析的方法,始终把企业作为一种客观存在的社会实体来进行研究。尽管近年来,在社会责任与财务绩效方面也进行了相关实证检验,但规范分析方法仍然是企业社会责任研究的主流方法论。

第三,在公司治理与企业社会责任分流发展的过程中出现了公司治理对社会责任的忽视和抵制现象。在20世纪大部分时间内,对于社会发展来说,物质财富的创造显得更为重要,于是如何促使企业以更高的效率创造更多的物质财富成了迫切需要解决的问题。在促进企业的价值创造方面,公司治理所关注的企业制度安排是一项重要内容,因此公司治理研究更多地关注了企业的效率、利润以及物质资本的供给等。同时,新古典经济学等思想在公司治理研究中的渗透,使得公司治理以利润最大化作为其主要目标,也使得公司治理更多地关注效率问题,更多地关注物质资本提供者及其产权的保护。对效率、利润的关注以及对投资者利益的重视,使得公司治理的研究逐渐忽视了企业的社会责任。在传统公司治理的理论与实践中，我们无法找到社会责任的位置。在新古典主义经济学的影响下，完善市场、完备信息等假设使得企业被抽象成为一个从事生产的简单函数，以自由主义经济学为指导，公司治理甚至抵制社会责任的履行。弗里德曼曾指出，在自由经济中，企业有且只有一个社会责任——只要它处在游戏规则中，也就是处在开放、自由和没有欺诈的竞争中，那就是要使用其资源并从事经营活动以增加利润。

然而，经济学理论中出于研究的需要，将企业的社会属性抽象化，忽略了企业社会责任问题，这虽然使得理论分析变得更加简洁和完美，但是企业公司治理实践并非是在完美的理论世界中发生的，在实际经营管理中，企业的目标从来就不是一种单一的目标，而是一组经济目标与社会目标的聚合（席恒、李鼎新，2002）。所以，在理论世界中的分析并不能简单照搬来指导企业的管理行为，公司治理对企业社会责任的忽视与抵制并不能长期持续下去，随着经济社会的变迁以及社会责任运动的不断兴起，两者的融合成了一个必然的趋势。

6.3 公司治理与社会责任的再次融合

进入21世纪以后，经济社会的发展使得公司治理与社会责任的重新融合成为了一个重要的发展趋势，即在公司治理结构中嵌入社会责任的内容，使得社会责任内生于公司治理，实现公司治理与社会责任的融合。

6.3.1 融合的理论基础

首先，基于价值创造的内在逻辑一致性为两者的融合提供了坚实的理论必然性。基于前文的分析，企业社会责任作为一种行为方式，在价值创造过程中发挥着重要的作用，而公司治理必须服务于价值创造目标，从而必须将在价值创造中发挥重要作用的社会责任要素纳入理论体系。公司治理与企业社会责任在价值创造过程中能够互相强化，有利于企业价值的提升，而市场对公司治理良好以及社会责任履行良好的企业会给予更高的评价。因此，在价值创造目标的统领下，公司治理与企业价值创造之间建立起了严格的逻辑关系，公司治理必须将企业社会责任纳入到理论体系中来。

其次，企业社会责任与公司治理具有共同的理论内核，即责任概念为两者的融合提供了基础和可能。虽然公司治理与企业社会责任因为各自侧重点不同而出现理论分流，公司治理理论曾长期忽视甚至抵制社会责任的履行，但是由于共同以责任概念作为其核心概念之一，两者的融合具有了现实基础与可能，未来公司治理与社会责任的融合发展必将以责任概念为基础。公司治理不应再局限于企业内部责权利的配置，而应从更广阔的社会视角考虑企业与社会关系中的责权利的安排，开始更多地承担对于员工、社区、可持续发展、环境等方面的责任，并通过相应的机制设计保证一种负责任的行为方式能够有效形成和推广。企业社会责任也应将责任不断落实和细化到企业内部，通过内部制度安排与组织设置来保证责任的履行。责任概念在公司治理与企业社会责任中的贯通，将使得两者在新的经济社会条件下有机地融合在一起。

从理论分析可以发现，企业社会责任与公司治理的融合具有坚实的理论基础，也具有内在的必然性，决定了两者必将融合发展的历史趋势。

6.3.2 融合的外部原因

首先，社会依存结构的变迁使得社会责任问题日益重要。在工业化早期，整个社会的依存结构中，由于生产力的落后和物质财富的匮乏，企业特别是企业的生产属性在社会依存结构中处于关键地位，同时由于当时的自然环境、社会环境等包容力较强，社会责任问题并未凸现。而进入21世纪以后，社会的依存结构发生了显著变化：自然界的环境污染、气候恶化使得企业必须更多地关注绿色环保问题；社会中各阶层权利意识的觉醒使得企业必须更多地关注社会的期待，更妥善地处理与员工以及社区等的关系，有意识地建立维护稳定的供销网络等。社会依存结构的变迁使得社会责任行为方式的重要性更加突出。在一个依存更加紧密、关系日益复杂的社会环境中，如果采取不负责任的机会主义行为方式，将会造成价值的巨大损失。只有建立社会责任的行为方式，才能更有效地实现价值创造目标。

其次，社会各方面正在积极推动社会责任行为方式的构建。企业社会责任逐渐获得了社会各方面的认同，日益从一种社会思潮和呼声演化为对企业产生实际约束的力量。特别是政府管理部门、社会团体以及消费者力量的强化，正在积极推动将企业社会责任落实到企业内部，渐渐改革传统的公司治理结构。如2006年深圳证券交易所出台《上市公司社会责任指引》，规范上市公司社会责任行为；2007年7月，国家环保总局、中国人民银行、中国银监会联合出台了《关于落实环境保护政策法规防范信贷风险的意见》，对不符合产业政策和环境违法的企业和项目进行信贷控制，以绿色信贷机制遏制高耗能、高污染产业的盲目扩张，并通报了第一批30家环境违法企业名单；2010年，央行在征信管理系统中引入环保“黑名单”，若企业因违反环保信息入库，将被一票否决，不予贷款。江苏已在全国率先实行，并有企业遭到处罚。

企业所处外部环境的变迁不断增加着要求企业建立社会责任行为方式的压力，为企业社会责任与公司治理的融合提供了外部动力。

6.3.3 融合的内部原因

企业社会责任与公司治理的融合，从企业内部来看，根本原因是企业价值创造模式的变迁使得社会责任的作用日益凸显，公司治理必须更多地关注社会责任问题。从价值创造的视角来考察，企业社会责任与公司治理的融合将是一个必然趋势。

企业的价值创造过程是企业通过对各种价值创造要素进行整合，生产出产品或者服务，最终通过市场交换实现价值创造的过程。在这一过程中，各种要素虽然都参与了价值创造，但是在其中的重要性程度各有不同。从宏观角度来看，在不同的时代，价值创造过程中发挥主要作用的要素各有不同。现代企业诞生于大工业生产时代，当时社会整体上来说处于短缺经济时代，因而在价值创造过程中，土地、设备、资金、技术、管理等要素显得相对重要，而当时供给相对丰富的劳动力要素主要提供的是重复劳动，同时社会环境和自然环境又具有比较大的承载能力，使得企业的价值创造活动主要关心的是质量、产量、销售等内容，而如何以一种负责任的方式处理与员工、供应商、社区、政府、消费者等的关系，在当时显得并不重要。

然而到了工业时代的后期以及后工业时代，特别是进入 21 世纪以后，整个社会的价值创造模式发生了深刻变化，物质资本在价值创造中的重要性和稀缺性相对下降，而创新能力、网络资源、人力资本、无形资本等正日益凸显其重要性。自然环境的承载能力下降，社会环境中各个社会阶层权利意识的觉醒，都对企业提出了更高的要求。于是在新的价值创造模式中，企业如何以一种负责任的行为方式处理与内部员工、管理层、投资者等的关系，处理与外部政府、社区、自然环境、供销网络、消费者等主体的关系，就显得非常突出和重要。随着社会责任在价值创造过程中的影响越来越大，企业也越来越重视社会责任，相应地在公司治理机制中融入社会责任的趋势也日益明显。

因此，无论是从理论基础，还是从企业所面临的内外部环境因素的变迁来看，公司治理与企业社会责任的融合都将是一种必然趋势，同时也具有坚实的理论和现实基础。总的来看，企业社会责任与公司治理这两个看似相距甚远的理论，虽然在很长一段时间内分流发展，但其实具有相同的理论源头和内核，随着企业内外部环境的变化，必将出现融合发展的趋势，这也就在理论上回答了在公司治理机制中为什么要嵌入社会责任的内容这一问题。

6.4　本章小结

公司治理与企业社会责任这两个问题,表面上看好像是两个独立的研究领域,但是当从价值创造导向视角下对两者进行分析时,可以发现两者有着严格的内在联系,这种内在联系体现在两个方面:一是公司治理与企业社会责任有着共同的理论源头;二是两者有严格的内在逻辑联系,社会责任是价值创造中的重要因素,公司治理是服务于价值创造的一种制度安排,因而公司治理必然需要将社会责任纳入理论体系中。但一个不争的事实是,在公司治理理论与实践体系中,长期没有社会责任的位置。造成这一现象的原因是公司治理与企业社会责任在发展中出现了分流。造成分流发展的一个重要原因仍然是价值创造模式,因为在很长一段时间里,企业社会责任在价值创造模式中的作用并不突出。但是,随着经济社会的发展,企业的价值创造模式也在变化,在新的环境下,社会责任要素的作用正在日益凸显,因而公司治理将社会责任纳入理论与实践体系是一个不可避免的历史趋势。

第七章　嵌入社会责任的公司治理机制设计

在梳理了社会责任与公司治理的逻辑关系的基础上,可以发现公司治理与社会责任的分流甚至对立。但随着社会经济的发展,特别是价值创造模式的发展变迁,我们无法回避、忽视社会责任在价值创造中的重要作用。公司治理作为企业的一项制度安排,就必须将社会责任嵌入到其制度安排的体系中。未来的公司治理模式,必将是一个嵌入社会责任的公司治理模式。本章我们将进一步分析并具体构建一个嵌入社会责任的公司治理结构。这样的探索一方面是对社会责任理论的发展,将社会责任作为一种价值创造要素嵌入到公司治理结构中,并讨论如何更好地促进其发挥作用;另一方面,对前文所述的价值创造导向下的公司治理来说是一种宏观导向,但如果只是停留在宏观层面讨论问题容易流于空泛,而抓住企业社会责任这一切入点进行分析,可以对公司治理如何促进价值创造有一个更加具体的认识,为价值创造导向下的公司治理提供更加丰富的理论内涵。

然而,从理论的发展和实践的探索来看,嵌入社会责任的公司治理模式都还处于初级阶段,远未形成一套成熟的理论体系。为此,本章力图在这一方面作出一点探索性的贡献。

7.1　现有文献述评

在社会责任运动日益高涨的背景下,有学者也开始关注到社会责任和公司治理的融合,将两者联系起来进行研究。然而由于此类研究还处于探索阶段,形成的文献积累并不丰富。将企业社会责任与公司治理联系起来研究的文献主要可以分为两大类,一类研究公司治理对企业社会责任行为的影响,另一类研究企业社会责任对公司治理结构的影响。

在研究公司治理对企业社会责任的影响这类文献中,基本的观点是完善的公司治理机制有助于企业更好地履行社会责任,有助于企业自愿披露社会责任报告或者提高社会责任报告的质量。例如:张兆国等(2008)提出,社会责任是公司治理研究的一个新领域,并认为应通过完善公司治理机制来让企业更好地履行社会责任。肖作平、杨娇(2011)的研究发现,公司治理水平较高时,控股股东的机会主义行为受到限制,内部人也受到了更严格的监督,此时公司将对其他利益相关者履行更多的社会责任。宋建波、李爱华(2010)将社会责任与公司治理结构相结合,通过对两者相关性的实证研究,分析影响公司社会责任履行的公司治理因素,得出公司治理结构的完善有利于社会责任履行的结论。韵江、高良谋(2005)把公司治理、组织能力和企业社会责任融合起来,构建了三者的整合模型和演化过程,并对其协同演化的最佳实践提出了相关政策建议。谢文武(2011)从公司治理环境的角度来分析社会责任的影响因素,认为外部的治理环境起着非常重要的作用。何威风(2009)通过对西门子联合控股有限公司的案例进行分析,提出完善的公司治理结构是企业社会责任的基础,有效的非正式制度是社会责任导向建立和运行的保证。沈洪涛等(2010)通过对石化塑胶行业2003—2006年数据的实证研究发现,公司治理中的股权性质、董事会规模、独立董事、高管背景等对于社会责任信息披露具有重要影响。Lorenzo Sacconi(2007)则把社会责任理解为公司治理的一个拓展模型,是在公司治理中引入社会契约的一种拓展。

考察企业社会责任对公司治理结构的影响这类文献数量较少,基本观点是企业社会责任作为一种社会对企业提出的要求,必将对公司治理在目标、形式、内容等方面产生影响。佐藤孝弘(2009)将社会责任作为影响公司治理模式的一个重要因素,通过对美国、日本和德国的公司治理模式和社会责任的比较分析,对产生不同公司治理模式的原因进行了探讨,并对中国的公司治理模式提出了合理的建议。王阳(2009)提出了从社会责任视角对公司治理模式进行重塑,具体包括职工参与机制、债权人参与治理等方面。姜梦琼(2010)从公司治理目标、制度、信息披露等几个方面分析了企业社会责任对公司治理的影响。

综合现有的对社会责任与公司治理的研究,可以归纳出这样几个主要方面。第一,现有文献基本都承认公司治理是保证社会责任履行的一种重要途径,通过改善公司治理结构可以促进企业履行社会责任。第二,现有文献大多以利益相关者理论为导向,核心思想是把社会责任理解为对利益相关者的责任,那么相应地公司治理就应该将其纳入理论与实践的框架。第三,现有研究注意到了组织能力、外部治理环境、非正式制度等对社会责任与公司治理的影响,考察的视野相比传统公司治理理论有所拓宽。

理的主体,将员工、客户、政府、社区等主体纳入利益相关者体系,而社会责任就具体表现为对利益相关方的责任,但是如果缺乏对利益相关方在企业价值创造中所作贡献的论证,那么相关新增的利益相关者就很容易被企业理解为一种强加的额外负担;而社会期待与社会回应理论则着眼于社会对企业的要求以及企业必须对此作出的回应来分析社会责任,因此更可能被企业理解为一种外生负担。所以,"被动回应"式的社会责任履行方式,由于理论基础的局限,在实践中很可能导致企业对社会责任的抵制,难以真正推动企业社会责任的履行。

"被动回应"式的社会责任履行,从实践方式看,会导致社会责任流于形式。"被动回应"的特点体现在企业在社会责任履行上缺乏主动性,以能够应付外界压力为目标,因此社会责任的履行将会集中体现在部分社会特别关注的行为上,如慈善捐赠、公益事业、环境保护等,而对于外界难以观察到的企业内部管理机制、产品是否有安全隐患、安全生产管理、员工福利等方面的社会责任则很可能忽视。因此,"被动回应"式的社会责任履行方式,主要停留在行为层面,难以深入制度层面,是一种不彻底的社会责任履行方式。

因此,当前社会责任实践中表现出来的"被动回应"是一种不彻底的履行方式,难以实现社会责任的真正落实,应在对企业社会责任概念进行深入理解、对公司治理与企业社会责任融合的理论基础进行梳理的基础上,再在价值创造视角下,突破"被动回应"模式中企业社会责任外生强加的特点,在公司治理理论体系中为企业社会责任找到相应的位置,从而实现社会责任在公司治理中的"内生嵌入"。

7.3 基本理论框架

7.3.1 理论基础

嵌入社会责任的公司治理,不是对原有公司治理结构在细节上进行修正,不是简单地加入社会责任的内容就能完成的,而是基于价值创造导向下的公司治理理论,根据企业社会责任与公司治理之间的内在逻辑联系,将企业社会责任嵌入公司治理结构中,对传统公司治理的理论基础、研究导向、具体内容等进行重新构建。归纳起来,嵌入社会责任的公司治理机制的理论基础包括如下一些。

第一,嵌入社会责任的公司治理结构的构建是以"社会人"假设为基础的。传统的公司治理机制的理论以"经济人"假设为基础,认为经济主体在行为中存在机会主义动机，特别是在契约无法明确的情况下行为主体会采取机会主义的行为方式，并基于此来设计公司治理中的各种激励约束制度。不可否认，基于“经济人”假设和机会主义动机设计各种制度，反映了公司治理结构中一个重要的方面，但是不应该由此而否认经济主体中与“经济人”假设和机会主义动机相对应的另外一面。经济主体的行为动机非常复杂，除了“经济人”假设和机会主义动机所概括的外，同时还存在“社会人”假设和履行社会责任的行为方式，存在承担责任、共赢合作的动机，在前面所构建起来的公司价值创造过程，也是一个包含社会责任要素以及社会规则影响的全面过程，不是单纯的“经济人”假设所能完全涵盖的。所以，一个嵌入社会责任内容的公司治理结构，是不能仅仅建立在“经济人”假设和机会主义动机基础上的，那样不仅无法在公司治理理论中找到社会责任的位置，还会带来理论结构中的内在矛盾冲突；只有建立在“社会人”假设基础上，承认经济主体并不仅仅是按经济规则指导自己的行为，而是同时受到经济规则和社会规则的制约，只有基于“社会人”假设建立起来的公司治理理论，才能真正为嵌入社会责任内容提供坚实的理论基础。

第二，嵌入社会责任的公司治理结构的构建是以嵌入理论为分析工具的。“嵌入”是新经济社会学的核心概念，现已被广泛应用于分析经济行为与社会关系的领域中。1944 年，Polanyi 在《大变革》一书中提出了“嵌入”这一概念，描述经济行为与社会环境之间的关系，并认为 19 世纪以前，经济行为嵌入于社会关系，而 19 世纪以后则相反，是社会关系臣属于经济行为。在 Polanyi 提出嵌入概念之后，Granovetter（1992）深入发展了这一概念，对主流经济学中的社会化不足观点和社会学中的社会化过度观点进行了批判，同时，Granovetter 还进一步将嵌入分为关系嵌入和结构嵌入两类，并提出了强关系、弱关系等概念，由此开创了新经济社会学研究的新领域。Granovetter 之后，关于嵌入理论的研究开始繁荣，Halinen & Tornroos（1998）根据经济活动嵌入的各种网络，把嵌入分为时间嵌入、空间嵌入、社会嵌入、政治嵌入、市场嵌入和技术嵌入六种；Jessop（2001）将嵌入分为三个层面，第一层面是人际经济关系的社会嵌入（或称为人际嵌入），第二层面是组织间关系的制度嵌入，第三层面是在一个复杂社会环境中的社会嵌入；Johannisson & Pasillas（2002）把社会嵌入分为实体嵌入和系统嵌入。总的来看，嵌入理论在描述经济行为所受到的来自社会环境的影响方面做了广泛深入的研究，对经济行为如何嵌入社会关系结构中进行了全面的分析，嵌入理论也为分析嵌入主体和客体之间的关系提供了有效的分析工具。

与经济行为的嵌入相类似,经过前文的分析,企业社会责任与公司治理结构之间也存在这样一种嵌入关系,企业社会责任必须嵌入于公司治理结构中才能更好地实现价值创造的目标。因此,如何通过公司治理结构的设计安排来推动社会责任行为方式的形成就成了一个重要的问题。但是与新经济社会学研究视角不同的是,本书更关注嵌入环境如何影响嵌入在其中的因素,即公司治理如何影响嵌入在其中的社会责任因素。尽管研究的视角不同,但嵌入理论的基本思路还是可以得到运用的。具体地,本文对如何通过公司治理机制影响嵌入于其中的社会责任这一问题,从结构嵌入与关系嵌入两方面来分析。结构嵌入指将企业社会责任嵌入一定的公司治理组织结构中,关系嵌入指将企业社会责任嵌入公司治理的相关制度设计中。

第三,嵌入社会责任的公司治理结构的构建是以价值创造为导向的。在公司治理理论的构建中,有股东保护导向、制衡导向、利益相关者导向和价值创造导向,其中只有在价值创造导向下,公司治理和社会责任才能获得理论上的逻辑统一。因此,构建嵌入社会责任的公司治理结构,应从价值的客体属性、评价主体和社会属性三个方面完整理解与把握价值概念,并以此作为公司治理机制设计指向的目标。具体地,在设计公司治理结构的时候,应深入分析公司的价值创造模式,梳理公司与所处的社会环境之间的互动关系,明确社会责任这一行为方式在价值创造模式中的哪些环节发挥着作用,明确有哪些主要的利益相关者以及如何对其采取负责任的行为方式,分析企业面对着哪些主要的社会期待与社会回应,然后在此基础上再设计有关社会责任的制度安排,并将其嵌入到公司治理结构中。

第四,嵌入社会责任的公司治理结构的构建是以公司实体论为基础的。在如何看待公司的问题上,理论界存在两种基本的观点,一是公司虚拟论,二是公司实体论。公司虚拟论认为公司是一组契约形成的联结(Jensen & Meckling,1976),是一个法律的虚拟,公司本身并不是理论研究的对象,只有其中的一组一组契约如出资契约、雇佣契约、销售契约等才是重要的,公司与市场的区别是用长期契约代替了市场的短期契约。Jensen & Meckling(1976)曾指出:“企业不是一个个体,它是一种法律假设,它可以作为一个复杂过程的聚焦点。在这个过程中个人相互抵触的诸多目标会被一个契约关系的框架带入均衡。在此意义上,企业行为就像市场行为,也就是说,是一个复杂的均衡过程的结果。”在公司虚拟论的世界中,公司不是一个实际的主体,因而对于企业社会责任这一问题,公司虚拟论便认为公司是虚拟的,无法承担社会责任,只有组成公司的个体如股东、债权人、管理者、员工等才需要也才可能承担社会责任,因此，企业社会责任就被个人社会责任所取代了。

而在公司实体论的世界中，公司虽然是一个由股东、经理人、员工等共同组成的组织，但是公司一旦成立，就是一个独立的实体，并不仅仅是一个法律上虚拟的“法人”。英国学者约翰·凯在《利益相关者公司》一文中就已明确提出，公司不是股东拥有的或所有的，而是独立于股东的社会组织。公司“是有自己个性、特点和激情的机构。它关注的是利害相关者群体——投资者、雇员、供应商、顾客和管理者等——的广泛利益，而不是只关注其中某一类”（李心合，2009）。

公司虚拟论与公司实体论分别基于不同的理论基础与社会环境，反映了对公司的不同理解。日本学者岩井克人曾将两者的区别用图表示（图7-1），对于我国的社会环境来说，由于缺乏大规模的成熟的投资者和资本市场，在社会文化中也与日本等东亚国家接近，所以本书认为公司实体论更能反映我国公司的实际。因此，本书中构建嵌入社会责任的公司治理结构将建立在公司实体论的基础上。

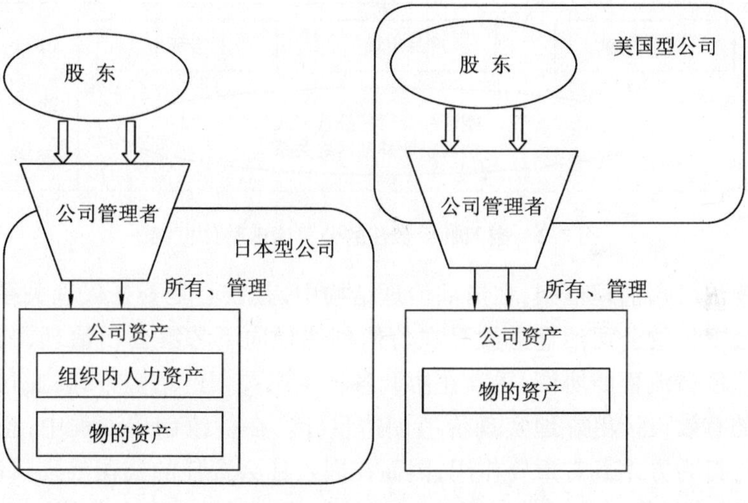

图7-1　日本型公司与美国型公司

7.3.2　研究框架

在公司治理的基本理论框架以及前文对价值创造过程进行分析的基础上，根据企业社会责任在其中所发挥的作用，我们构建起一个嵌入社会责任的公司治理基本研究框架，其内容如图7-2所示。

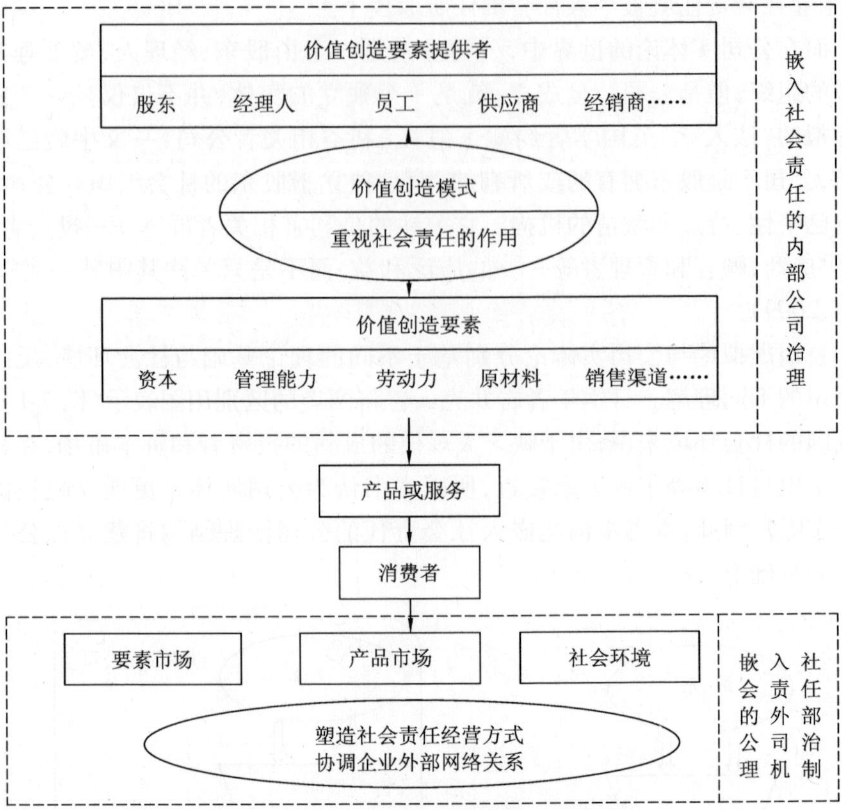

图 7-2 嵌入社会责任的公司治理整体框架

传统的公司治理框架,在内部治理结构中,其核心是委托代理关系。然而嵌入社会责任的公司治理框架是在价值创造导向下考察公司治理,其核心问题是价值创造流程的协调,重点在协调各种生产要素的结合方式,通过公司治理机制的有效设计更好地实现价值创造目标。在价值创造流程中,企业社会责任这一行为方式具有重要作用,因而在嵌入社会责任的公司治理机制中,重点在通过机制设计发挥其中企业社会责任的作用,这一点在传统的委托代理为核心的公司治理框架中恰恰是被忽视的。

在公司外部治理结构中,嵌入社会责任的公司治理框架注意到了公司外部的几种主要影响力量及其与公司的互动关系,主要包括产品市场、要素市场和社会环境。其中,产品市场决定了企业的价值创造活动能否最终实现,而要素市场则向企业提供资本、职业经理人、劳动力等重要的价值创造要素。这些外部力量也是企业价值创造过程中的主要环节。企业与这些外部市场之间不仅存在直接的交易关系，同时也存在一个以怎样的行为方式处理相互关系的问题，是以机会主义的行为方式还是社会责任的行为方式，是对消费者隐瞒产品隐患还是进行产品召回，是对资本市场发布经过粉饰的财务报告还是真实客观地进行报告等。另外，企业身处社会环境的影响也不可忽视。能够对企业产生重要影响的包括政府监管部门、社会环境、自然环境等，这些力量虽然不能直接影响企业价值创造活动，但是能够产生间接影响，会影响到企业所处的网络环境。企业在处理上述几个方面的关系时，同样要注意应以负责任的方式进行处理，否则也会对企业的价值创造行为产生不良影响。

总的来看，图 7-2 反映了嵌入社会责任的公司治理整体框架，界定了企业社会责任在内部公司治理机制和外部公司治理机制中嵌入的位置，表明企业社会责任并非从外部强加于公司治理机制，而是作为一种重要价值创造要素内生于公司治理机制中。

7.4　嵌入社会责任的公司治理结构设计

公司治理机制分为内部治理机制和外部治理机制，分别针对于企业内部的激励约束等制度安排和企业外部的资本市场、监管部门等对企业行为进行规范约束的制度安排。在价值创造导向下，公司的价值创造模式同样可以分为两大部分，一个是企业内部的价值生产，另一个是企业与社会环境发生互动关系，表现在企业的要素供给和价值实现两个环节。这两大部分对应于企业内部和企业与社会的互动关系，因此，价值创造导向下构建嵌入社会责任的公司治理，也可以按照价值创造的两大部分，参照现有公司治理结构理论的形式，分为内部治理机制和外部治理机制来分别构建。

7.4.1　公司内部治理结构设计

公司内部治理结构是公司治理最核心的组成部分，对于整个公司治理结构的建设具有重要意义。公司内部治理结构表现为以董事会、监事会、经理层以及各职能部门为主体的一套组织机构，并在一系列治理机制中进行运作。根据前面的分析，在内部公司治理结构中强化社会责任行为方式，可以从结构嵌入和关系嵌入两个方面展开。结构嵌入即在董事会、监事会等公司治理组织中设置社会责任委员会以及处理社会责任工作的具体岗位或人员；关系嵌入即在内部治理制度安排中嵌入社会责任的内容。具体如图 7-3 所示。

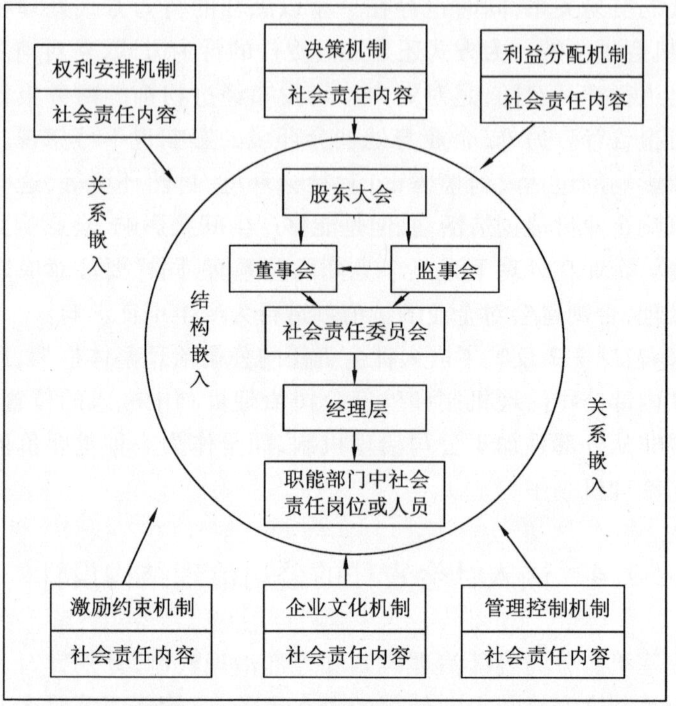

图 7-3　社会责任在内部治理结构中的结构嵌入与关系嵌入

（1）加强董事会建设，建立相应的负责社会责任工作的组织机构。

公司治理机制的构建以相应的组织结构设置为基础，对于公司治理的重要内容，需要在公司中设置相应的管理机构专门负责相关工作。嵌入社会责任的公司治理机制，需要设置相应的社会责任委员会等形式的机构来专门负责相关工作。具体的社会责任相关机构设置需要考虑以下几个方面。

第一，社会责任委员会应作为董事会下属的专门委员会之一。董事会作为股东大会的常设机构，掌握公司的最高权力，董事会应作为连接公司治理和社会责任之间的桥梁。在董事会下设置社会责任委员会，可以保证社会责任工作推行的权威性和整体性。社会责任委员会应为公司常设机构，并有相应的权限开展社会责任方面的日常管理工作。一些大型企业，特别是高风险行业的、与环境密切相关的企业，都建立了董事会级别的委员会来专门处理社会责任事务。同时董事会也应在公司章程中加入和明确社会责任方面的内容。公司章程中社会责任与商业伦理方面的条款可以限制公司管理层对权力的滥用。

第二,社会责任委员会中应有来自于各个利益相关者方面的代表。根据企业的价值创造模式,价值创造活动首先需要各个利益相关者贡献各自的资源,并且各个利益相关者的行为方式对于价值创造具有非常重要的作用,因此,促进企业社会责任工作的机构设置,应该在社会责任委员会中涵盖各个利益相关方面的代表,如股东、债权人、职业经理人、员工、专家学者甚至消费者代表等,由此能够对各个利益相关者的行为方式进行引导,并且能够有效地代表企业在与社会的互动活动中处理好社会责任方面的工作。

第三,社会责任委员会应明确具体的工作内容和相应的管理权限。社会责任委员会应将具体的工作内容明确为与企业社会责任相关的所有工作,既包括企业内部价值生产部分的社会责任内容,又包括企业在价值实现环节中涉及的与社会环境互动产生的社会责任内容,具体包括员工福利、消费者保护、环境保护、投资者保护、社会责任报告等工作。同时,社会责任委员会应有相应的管理权限,对企业社会责任活动进行管理。

第四,在企业具体业务操作层面,应安排处理企业社会责任工作的岗位或人员。为真正落实企业社会责任,形成社会责任方式的行为规则,还必须将社会责任嵌入企业具体执行业务活动的各职能部门的岗位或者人员中,明确哪些岗位、哪些人员必须承担起关于企业社会责任方面的工作。

(2) 设计嵌入社会责任的权力安排制度。

公司治理的制度安排中,权力配置是非常重要的内容。一个嵌入社会责任的公司治理结构必须在权力配置和运行中考虑到社会责任因素。基于戴维斯所提出的“责任的铁律”,在权力的运行中,必须配以相应的责任,否则没有责任的权力必将导致权力被滥用,带来严重的损失。所以,在公司治理的权力配置中,一般都配合相应的监督与问责机制,使得权力与责任实现匹配。然而,在传统的权力配置中常常被忽视的是社会责任方面的因素,常见的监督、考核与问责机制主要围绕的经济指标、法律规则等缺乏社会责任方面的因素。因此,嵌入社会责任的权力制度安排中,必须加入社会责任方面的要素对权力加以监督。其中主要的方面,包括在企业的战略决策、投资决策、收益分配、劳动用工等方面的权力配置与决策机制中加入社会责任方面的考量。例如,在制定企业的长远发展战略时,必须考虑到在社会责任方面的发展战略,社会责任应该成为企业发展战略的有机组成,而不是在战略之外附加的内容;在企业投资决策的权力安排中,必须有社会责任方面的评估机制,特别是在投资方向选择、项目运行管理、投资收益分配等环节必须考虑社会责任要素，必须用负责任的态度对待投资过程中的各利益方；在企业的收益分配中，也应以社会责任的行为方式进行，不应只考虑投资者、经理人等少数利益方，而应按照对价值创造的贡献在所有利益相关者中进行分配。

（3）建立对社会责任行为方式的激励约束机制。

公司治理中，基于所有权与经营权的分离产生了委托代理关系。公司治理机制通过对职业经理人进行激励和约束来缓解委托代理问题，因而激励约束制度成了公司治理中的重要内容。在价值创造导向下的公司治理中，激励约束仍将作为一个重要的内容，但是其激励与约束的内容不再局限于针对经理人的行为，而是将所有价值创造要素都纳入到激励约束的范围中。也就是说，需要通过公司治理机制安排激励社会责任行为方式的形成、推广和定型，约束各种有违社会责任的行为方式，如机会主义、短期行为、忽视安全、污染环境等。

企业应制定出具体的社会责任的监督、检查和评估机制，定期和不定期地对企业社会责任方面的工作进行检查督促，通过激励和约束两种主要手段，促进企业社会责任这种行为方式渗透到经营活动的方方面面并能够长期确立。对企业社会责任的检查评估机制的设计，与传统的评估制度不同的是，应更多地关注行为的动机因素，而不应仅仅关注行为的结果。

（4）对隐性契约执行的强化。社会责任作为一种行为方式，主要是针对隐性契约以及不完全契约情况下的一种行为指导。因此，如果需要促进社会责任行为方式的形成与发展，就必须考虑到隐性契约环境的影响。在隐性契约和不完全契约的情况下对行为方式的约束与显性契约环境存在显著不同，无法通过明确的条款和第三方鉴证等方式进行规范，因此，在企业内部对于社会责任行为方式的形成，需要更多地强调企业文化、管理风格等因素的影响，通过道德伦理方面的建设来促进社会责任行为方式特别是管理风格的形成。C. F. Wu（2006）通过对500家台湾上市公司的问卷调查，构建结构方程模型，发现关注责任与道德的管理方式能够显著改进公司治理实践，并能有效提升公司业绩。

（5）在业绩考核指标上应具有长远眼光，避免短期指标。

业绩考核作为一种指挥棒，是公司治理机制中的重要内容，也是企业实践中的重点工作，业绩考核指标的选择将会对企业的经营行为产生深刻影响。在嵌入社会责任的公司治理结构中，考核指标的选择应更多地着眼于长远指标，避免短期行为。社会责任作为一种负责任的行为方式，需要通过长期的交往才能在交易双方中建立起互相信任的机制，也才能更有效地促进价值创造目标。因此，社会责任行为方式绝不是一种短期行为，而是一种长期行为方式，需要企业在很长一段时间里积累并树立自己的社会责任形象和声誉，相应地在业绩考核指标上也应与此相对应，更多地关注中长期指标。

7.4.2 公司外部治理结构设计

价值创造导向认为企业的价值创造不仅仅是在企业内部实现的，还要在社会环境中完成价值实现。因此，为了保证企业能够长期持续地创造价值，除了在企业内部建立各种治理制度之外，还要在企业外部通过监管部门、资本市场、职业经理人市场、劳动力市场、产品市场等对企业的行为形成外部约束，并通过外部约束影响企业内部经营行为，使得企业能够更好地实现价值创造目标。具体到社会责任因素上，通过外部公司治理机制促进企业形成社会责任行为方式也是一个不可忽视的重要方面。

嵌入社会责任的公司外部治理结构，其涉及主体比以往的外部治理结构更加丰富，包括政府监管部门、资本市场、产品市场、职业经理人市场、新闻媒体、社会团体、法律机关等。因为企业处于特定的社会环境中，能对企业经营行为产生直接或间接影响的社会因素，都应在外部治理结构的建立中予以考虑，当然各种因素的重要性程度会有所不同。

根据对企业价值创造过程的分析，企业价值创造活动与社会环境发生联系主要体现在两个方面，一是通过劳动力市场、资本市场、职业经理人市场等向企业提供各种生产要素，二是通过产品市场、社会团体、新闻媒体等影响到企业的销售行为并进而影响价值实现，同时，这两个方面又都处于政府监管部门的管理范围中，都受到各种监管政策的影响。社会责任在外部治理结构中的嵌入主要表现为关系嵌入，具体如图 7-4 所示。构建促进社会责任行为方式的外部治理结构也主要基于上述两大方面以及监管政策方面来进行相应的制度设计，具体可从以下几个方面进行构建。

（1）政府监管部门应制定社会责任方面的指导原则并监督实施。企业的价值创造活动与社会发生联系的两大方面都处于政府监管部门的管理下，因此，通过监管部门制定相关政策来引导规范企业行为是外部治理结构设计中的首要工作。对于企业社会责任行为方式的建立，政府监管部门应肩负起提供一个有利政策环境的责任，为企业社会责任的建设提供整体指导。同时，政府监管部门还应有意识地形成一种促进社会责任行为方式形成的社会氛围，通过政策引导、舆论宣传、典型推广等形式，促进企业以一种对社会、对各利益方负责任的态度开展经营活动。

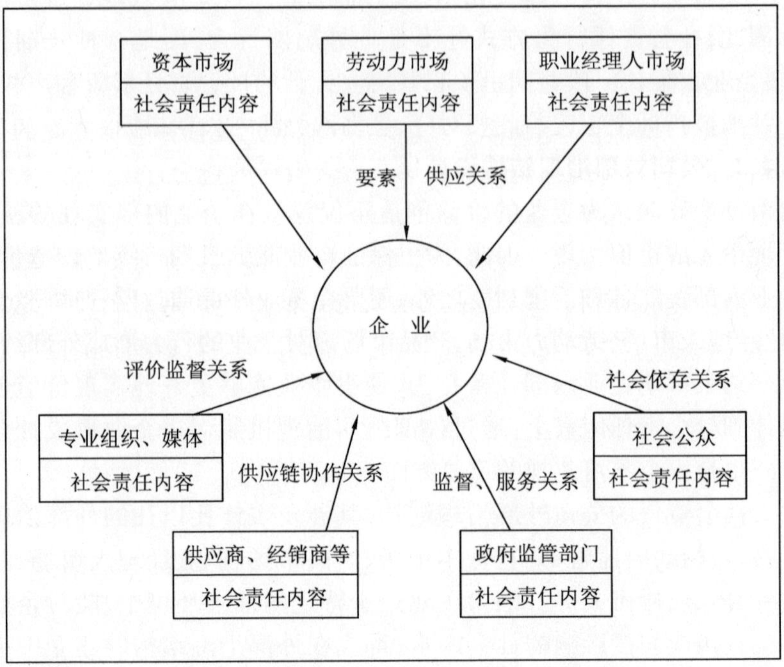

图 7-4　社会责任在外部治理结构中的关系嵌入

另外，政府监管部门对于违背社会责任的行为必须给予相应的处罚才能保证社会责任行为方式的树立。在本书第四章的分析中，我们得到在一个无限重复博弈中，如果交易方出现欺诈行为，那么他的收益是：

$$R_3 = r_3 + r_4 \cdot p + r_4 \cdot p^2 + r_4 \cdot p^3 \cdots = r_3 - r_4 + \frac{r_4}{1-p}$$

如果交易双方始终采取负责任的行为方式，那么收益是：

$$R_1 = r_1 + r_1 \cdot p + r_1 \cdot p^2 + r_1 \cdot p^3 \cdots = \frac{r_1}{1-p}$$

如果需要保证交易双方能够自发选择负责任的行为方式，从模型上看，要求 $R_1 \geqslant R_3$，即$\frac{r_1}{1-p} \geqslant r_3 - r_4 + \frac{r_4}{1-p}$，对公式化简为：

$$p \geqslant 1 - \frac{r_1 - r_4}{r_3 - r_4} \tag{7-1}$$

也就是说，如果 p 越大，则交易双方选择负责任的行为方式的可能性就越大，根据公式(7-1)，即 r_1 比 r_4 越大越好，r_3 与 r_4 越接近越好，根据前文的模型，其经济含义就是要保证交易双方都采取负责任的行为方式时，双方的收益尽可能大，如果有一方采取欺诈行为，其收益应尽可能小。在这里，如果政府等监管部门对违背社会责任行为进行有效监督惩罚，可以降低 r_3；对符合社会责任的行为进行鼓励，可以提高 r_1。因此，政府对企业社会责任方面的行为进行有效监管的话，可以促进企业自发形成社会责任的行为方式。

（2）在企业的生产要素供应方面，应形成一个社会责任评估认证机制，通过生产要素供应来促进企业形成社会责任的行为方式。企业的生产经营需要各种生产要素，能否顺利并以较低成本获得各种生产要素对企业来说非常重要。在生产要素供给环节嵌入社会责任内容可以有效地引导企业的社会责任行为。

首先，在资本市场上，可以在企业融资环节中嵌入社会责任评估内容。比如，在企业的信贷融资中，很多金融机构已经开始对企业进行“绿色信贷”评估，将企业在环境保护方面的情况纳入征信评价系统；在股权融资市场，可以将企业的社会责任活动纳入股权融资、再融资的审批体系中，通过融资审批、融资成本等来引导企业社会责任行为方式的建立；在投资者的评价标准中，要强化企业社会责任的内容，而不能像 20 世纪投资者评价标准主要集中在经济因素、财务绩效等方面。除了股票市场之外，银行信贷和机构投资者（如风险投资 VC）等也应在投资项目的评估中强化社会责任标准，推动企业社会责任的履行。

其次，在人力资源上，应将社会责任的内容纳入评价机制。一方面，在职业经理人市场上考核评价经理人的体系中，应加入对经理人在社会责任方面的考评内容；另一方面，在劳动力市场的完善上，也应加入社会责任的内容，对企业在职工福利、安全生产、劳动保护等方面进行评价，并由劳动监管部门进行公布，以此规范引导企业社会责任行为方式的形成。

再次，在原材料等的供应市场上，监管部门也应积极引导社会责任行为方式的形成和推广。企业的价值创造活动离不开稳定的原材料、半成品等的供应渠道，企业应努力维护好稳定的供应链渠道，在处理与供应商的关系上坚持合作共赢的行为方式，而不要采取竭泽而渔的短期行为方式。在这方面，相关行业协会、监管机构应起到规范引导作用。Lim & Phillips 通过对耐克运动鞋供应链的分析，发现当耐克把供应商选择标准由市场标准（即价格最低者入选）转变为长期合作模式后，供应商不再担心订单被更低价格的竞争对手抢走，因而更愿意遵循耐克所提出的社会责任方面的标准。由此可见，采购—供应这一链条也是落实社会责任的一个重要方面。

(3) 在产品或服务的销售环节构建社会责任引导机制。产品或服务的销售直接关系到企业的价值实现,因此成为一个能够对企业产生重要影响的环节。在这一环节嵌入社会责任内容能够有效地对企业行为产生约束。比如一些国际大型连锁超市如沃尔玛、欧尚等推行"绿色采购"或 SA8000 标准,拒绝来自"血汗工厂"的廉价商品,这就对企业行为产生了实质性的影响,成为引导企业社会责任行为形成的一个重要外部推动力量。相应地,消费者权益保护组织、环保组织、产业协会等组织也可以在社会责任方面进行更多的尝试。

(4) 充分发挥新闻媒体等在外部治理机制中的作用。在各种社会力量中,新闻媒体的作用日益重要。近年来学术界也开始注意到新闻媒体在外部公司治理机制中的作用。相应地,在社会责任行为方式的促进方面,新闻媒体可以发挥重要的作用。通过新闻媒体的报道,可以缓解市场体系中的信息不完全现象。对有违社会责任的行为进行曝光,能够对企业形成一种外部压力,同时也可以促进符合社会预期、履行社会责任的行为得到更广泛的宣传推广,有助于形成良好的社会氛围。况志华、叶浩生(2008)的研究也指出,预防责任拒绝现象的一种有效方式是发挥舆论导向和监督作用。

(5) 通过第三方认证,建立社会责任评级体系。随着社会责任理论与实践的进一步发展,将会有更多的关于社会责任的专业机构产生,依托这些专业机构,可以对企业在社会责任方面的表现进行第三方评价,成为企业的一个重要的信号特征。正如资本市场的信用评级能够对企业的资信等级、融资成本等产生重要的影响,今后,企业的社会责任评价结果也会对企业经营活动的展开产生重要影响,成为消费者、资本提供者、求职者等在评估企业中的重要参考指标。例如,日本早在 20 世纪 90 年代初由专业机构提出了一份"企业对社会贡献的调查表",从社会捐款、自由的劳动环境、公正平等的用工制度、男女平等、保护环境、重视职工家庭、参与社区活动等 11 个方面评估企业的社会责任表现(金玉国,1992)。因此,通过第三方的社会责任评级体系建设,能够从一个客观的角度向社会提供一个企业在社会责任方面的评价结果,可以对企业形成社会责任行为机制起到重要的促进作用。在这一方面,重要的工作是提高社会责任评级机构的专业性、权威性,保证评级的客观公正性,只有这样才能对企业起到正确有效的指导。

(6) 加强社会责任信息披露。充分的信息披露可以降低由于信息不对称所带来的负面影响。目前在资本市场监管方面,信息披露已经成为一个重要的内容。上市公司需要及时充分地对财务报告、重大事项等进行公开披露,这对于资本市场的健康发展具有重要意义,对于公司治理水平的提高也是重要推动。在嵌入社会责任的公司治理中,加强信息披露具有同样重要的意义,对于企业建立起社会责任的经营方式具有积极的推动作用。目前我国对企业社会责任信息披露采取自愿方式,虽然披露社会责任报告的企业数量正在不断增加,但报告的质量仍然不尽如人意,与发达国家企业相比报告质量偏低。因此,在加强社会责任信息披露方面,下一步的主要工作将是提高社会责任报告的质量。监管部门应从报告的内容、质量要求、披露方式、第三方鉴证等方面进行明确规定,并对社会责任信息披露进行监督,将社会责任信息纳入公司信息披露管理体系中,对于不能准确及时披露社会责任信息的企业给予谴责或处罚。

7.5 本章小结

价值创造导向下的公司治理与企业社会责任具有严格的内在逻辑联系,构建一个嵌入社会责任的公司治理结构是公司治理理论发展的必然趋势。然而,在公司治理结构中嵌入社会责任并不是在原有公司治理理论结构中强行加入社会责任的内容,而是应该让社会责任要素内生于公司治理,对传统公司治理的理论基础与基本架构都应进行重构。在这里,价值创造导向下的公司治理结构能够很好地实现公司治理与社会责任的统一。嵌入社会责任的公司治理结构可以从内部治理结构与外部治理结构两个方面进行具体构建。

第八章 结 论

本书在价值创造视角下深入分析了企业社会责任与公司治理的概念，系统地研究了二者的内在一致性，并构建了一个嵌入社会责任的公司治理结构基本框架。本书的研究加深了对企业社会责任的认识，拓宽了公司治理研究的空间，从价值创造视角统一了对公司治理与企业社会责任的认识，同时也为公司治理结构中嵌入社会责任的内容奠定了坚实的理论基础，为构建一个嵌入社会责任的公司治理结构提出了一个基本理论框架。但另一方面，本书所提出的价值创造导向下公司治理与企业社会责任的研究框架仍然是一个初步的研究成果，主要是为今后的研究工作奠定理论基础，还有很多后续的研究工作要做。

8.1 主要研究成果

通过本书的分析，我们从整体上梳理了企业价值创造的过程与模式，分析了社会责任在其中的作用，构建了价值创造导向下的公司治理基本框架，并在价值创造导向下分析了公司治理与企业社会责任之间的逻辑联系，最后构建起了一个嵌入社会责任的公司治理结构。具体来看，通过本书的研究，我们取得了如下几点主要的研究成果。

第一，对于企业社会责任这一概念的认识不应局限于具体活动的层面，行为与动机之间可能会存在偏离，应从行为动机与行为方式的层面来把握企业社会责任概念。企业社会责任概念是一个基础性问题，同时也是社会责任研究领域中一个长期存在争议的问题。现有的概念界定大多集中在对企业的社会责任行为进行归纳的基础上，并对这些行为进行分层，界定出不同层次的社会责任。但行为与动机之间并非永远一致，本书以企业捐赠行为为例，实证检验了行为与动机的偏离现象。基于对行为与动机的深入分析，本书力图超越具体的行为内容，探究行为背后的动机，并基于一种负责任的行为动机而将企业社会责任界定为一种负责任的行为方式。这样的概念界定可以避开归纳法界定概念中无法完全归纳的缺点，更加直接地针对企业社会责任的本质；同时更重要的是，这样的概念界定可以将企业社会责任作为一种行为方式纳入企业价值创造过程来进行分析，避免了过去界定于行动时只能关注现象而难以深入研究社会责任与企业价值创造之间的逻辑联系的情况。

第二，企业社会责任作为一种行为方式，是企业价值创造过程中的重要因素，发挥着重要作用。本书的研究强调了价值创造导向，认为企业价值创造是一个终极目标，是统领企业各种经营行为的灵魂。在归纳以往研究文献的基础上，本书梳理了企业的价值创造过程，构建了一个完整统一的价值创造模式，在其中，重点研究了企业社会责任作为一种行为方式，在影响行为主体交易方式、声誉、行为预期等方面发挥的重要作用，同时本书还构建了一个反映企业社会责任在价值创造中的作用的经济模型，为论证企业社会责任作为一种行为方式在价值创造中发挥着重要作用提供了坚实的理论基础。

第三，公司治理机制是服务和服从于企业价值创造目标的一种重要的制度安排。本研究不仅将企业社会责任置于价值创造过程中进行分析，同时还用价值创造这一导向来分析公司治理机制。在归纳并比较公司治理现有的几种主要的研究导向基础上，本研究提出现有的不同研究导向下的公司治理理论框架可以统一于价值创造目标，并由此提出了价值创造导向下的公司治理基本理论框架。在这一导向下，公司治理被界定为一种服务和服从于价值创造目标的制度安排，通过公司治理机制来激励各种价值创造要素，梳理重组价值创造流程，保护并发展公司竞争优势。

第四，企业社会责任与公司治理机制两者具有内在的逻辑一致性。当从价值创造导向下来分析企业社会责任与公司治理这两大基本概念时，两者之间的逻辑一致性也就自然体现出来。这种一致性体现在两个方面，一是理论发展上的同源，二是共同统一于企业价值创造目标。首先，公司治理与企业社会责任都起源于现代大公司的出现。两权分离的现代企业同时产生了对公司治理和企业社会责任的要求，而两权分离的现代大公司的出现正是由价值创造模式的发展变迁决定的。其次，公司治理与企业社会责任在价值创造导向下存在内在逻辑一致性。企业社会责任是价值创造过程中的重要因素，对于促进价值创造发挥了重要作用，而公司治理作为服务和服从于价值创造的一种制度安排，自然应服务于激励各种价值创造要素，因而在公司治理结构中纳入企业社会责任的内容就具有了理论上的内在必然性。

第五，建立嵌入社会责任的公司治理结构是一个必然趋势。尽管从理论上论证了公司治理中嵌入社会责任内容具有内在必然性,然而长期以来公司治理对社会责任的排斥与忽视也是一个不争的事实。本书通过理论溯源,对公司治理与企业社会责任的发展变迁历程进行了详细梳理,解释、分析了两者分流发展的历史过程主要是由价值创造模式决定的。同时,本研究指出,基于价值创造模式的变迁,公司治理与企业社会责任的再次融合发展将是一个不可避免的历史趋势。

第六,嵌入社会责任的公司治理结构相比传统公司治理结构具有更丰富的内容。本书构建起了一个嵌入社会责任的公司治理结构,相比传统的公司治理结构以及现有的提出公司治理与企业社会责任融合的文献,本书构建的嵌入社会责任的公司治理结构具有更加坚实的理论基础。企业社会责任在价值创造导向下再也不是强加到公司治理结构中的,而是内生于公司治理中。同时,价值创造导向下的公司治理可以从整体上关注在价值创造活动中的社会责任因素,能够为通过公司治理促进企业更好地履行社会责任提供一个系统的分析思路。

8.2　不足之处以及今后的研究方向

本书的研究主要贡献是构建起了价值创造导向下的企业社会责任与公司治理问题的理论框架,解决了“是什么”“为什么”和“怎么办”这三个基础性的理论问题,但在这一理论框架中,还需要不断充实理论内容,还有很多具体问题需要通过后续的研究不断加以完善。总的来看,不足之处主要表现在以下几个方面。

首先,本书分析了社会责任在价值创造中的作用,主要表现在社会责任的行为方式可以建立声誉,通过交易各方负责任的行为方式可以减少博弈中的损失。但不可否认的是,可能会有企业利用这一特点发送虚假的信号,这会影响社会责任行为方式的建立和发展。对社会责任这一行为方式是否可以成为一个有效的信号显示,以及如何提高社会责任这一信号的甄别性,还必须继续进行深入的研究。

其次,对社会责任行为方式在价值创造过程中所起作用的程度还需要进行准确有效的度量。通过理论分析,我们可以明确社会责任作为一种行为方式,采取负责任的态度对待经济活动中的交易各方,能够有效地促进价值创造活动。但是,对社会责任行为方式在价值创造中所起作用的程度,目前还难以进行准确有效的衡量,这为在公司治理结构中嵌入社会责任造成了障碍,因为公司治理需要基于各个要素对价值创造的贡献程度来有效地设计公司治理机制,服务于价值创造目标。所以,后续的研究需要更加深入地分析社会责任在价值创造中具体发挥作用的程度,以及如何确定其在公司治理结构中的重要性。

再次,本书的理论命题还有待实证研究的检验。本书主要进行的是规范的基础理论研究,得到了基本的理论命题,但是基础理论还需要通过实证研究来予以验证。因此,本研究的后续工作中很重要的一项工作就是对本书的研究结论进行实证检验,比如需要对社会责任在价值创造中的作用、公司治理与价值创造的关系、价值创造要素与公司治理结构的关系等问题进行实证检验。本研究的结论在为实证研究提供了理论基础的同时,也为实证研究拓展了广阔的研究空间。

总的来看,企业社会责任与公司治理是一个充满生机的研究领域,价值创造导向给二者提供了一个共同的理论导向,为二者的研究奠定了坚实的理论基础。我们相信在今后的财务学研究中,企业社会责任与公司治理的互动关系研究将会取得更丰富的研究成果。

主要参考文献

1. Bai C, Liu Q, Lu J, et al. Corporate governance and market valuation in China[J]. Journal of Comparative Economics, 2004, 32:599 – 616.

2. C. F. Wu. The study of the relations among ethical considerations, family management and organizational performance in corporate governance. Journal of Business Ethics, 2006, 68(2):165 – 179.

3. Carroll, Archie B. A three-dimensional conceptual model of corporate performance. Academy of Management Review, 1979, 4(4):503.

4. Cengiz Haksever, Radha Chaganti & Ronald G. Cook. A model of value creation: strategic view. Journal of Business Ethics, 2004, 49(3): 291 – 305.

5. Dye, R. Costly contract contingencies. International Economic Review, 1985, 26:223 – 250.

6. Elaine Sternberg. Corporate social responsibility and corporate governance. Economic Affairs, 2009, 29(4):5 – 10.

7. Fassin, Yves & Annick Van Rosem. Corporate governance in the debate on CSR and ethics: sensemaking of social issues in management by authorities and CEOs. Corporate Governance: An International Review, 2009, 17(5):573 – 593.

8. Frederick William C. From CSR1 to CSR2. Business and Society, 1994, 33(2): 150 – 165.

9. Granovetter, M. Economic institutions as social constructions: a framework for analysis. Acta Sociologica, 1992, 35(1):3 – 11.

10. Grossman, S. & O. Hart. Implicit contracts under asymmetric information. Quarterly Journal of Economics, 1983, 98: 123 – 156.

11. H. Gordon Fitch. Achieving corporate social responsibility. The Academy of Management Review, 1976, 1(1):38 – 46.

12. Hagan & Harvey. Why do companies sponsor arts events? Some evidence

and a proposed classification. Journal of Culture Economics, 2000,24(3):205 – 224.

13. Halinen, A. & J. Tornroos. The role of embeddedness in the evolution of business networks[J]. Scandinavian Journal Management, 1998, 14(3):187 – 205.

14. Hart, Oliver & John Moore. Property rights and nature of the Firm. Journal of Political Economy, 1990, 98(6): 1119 – 1158.

15. Jensen, Meckling. Theory of firm: managerial behavior, agency costs and ownership structure[J]. Journal of Financial Economics, 1976, (3):305 – 360.

16. Jessop, B. Regulationist and autopoieticist reflections on Polanyi's account of market economies and the market society[J]. New Political Economy, 2001, (6):213 – 232.

17. Johannisson, B. & M. Pasillas. The institutional embeddedness of local inter-firm networks: a leverage for business creation[J]. Entrepreneurship & Regional Development, 2002, 14(4):297 – 315.

18. Jones T. M. Corporate social responsibility revisited, redefined. California Management Review, 1980(22): 59 – 67.

19. Klein, Benjamin. Transaction cost determinants of "unfair" contractual arrangements. American Economic Review, Papers and Proceedings, 1980, 70(2).

20. Lorenzo Sacconi. A social contract account for CSR as an extended model of corporate governance (II): compliance, reputation and reciprocity. Journal of Business Ethics, 2007, 75(1):77 – 96.

21. Mcconnell J. J. & Servas H. Additional evidence on equity ownership and corporate value[J]. Journal of Financial Economics, 1990, 27(2):595 – 612.

22. Newell R, Wilson G. A premium for good governance[J]. The McKinsey Quarterly, 2002(2):20 – 25.

23. Pintrich P. R. & Schunk D. H. Motivation in Education: Theory, Research, and Applications[M]. Eaglewood Cliffs: Prentice-Hall, 1996.

24. Polanyi, K. The Great Transformation: The Political and Economic Origins of Our Time. Boston, MA: Beacon Press, 1944.

25. Porter, M. E. & M. R. Kramer. The competitive advantage of corporate philanthropy. Harvard Business Review, 2002, 80(12).

26. Ramly, Z. & Rashid HMA. Critical review of literature on corporate governance and the cost of capital: The value creation perspective. African Journal of Business Management, 2010, 4(11):2198 – 2204.

27. Shavell, S. Damage measures for breach of Contract. Bell Journal of Economics,1980,11: 466 -490.

28. Shleifer, A. & R. W Vishny. A survey of corporate governance. Journal of Finance, 1997(52): 737 -783.

29. Terence R. Mitchell. Motivation: new directions for theory, research and practice. The Academy of Management Review, 1982,7(1):80 -88 .

30. Tian L. H. Government Shareholding and the Value of China's Modern Firms[Z]. William Davidson Institute Working Paper No. 395,University of Michigan Business School,2001.

31. Van Luijk. Business ethics in Europe:a tale of two efforts[A]. In R Frederick(ed.). A companion to business ethics[C]. Cambridge,MA & Oxford:Blackwell,2001:643 -658.

32. Wartick, Steven L. & Philip L. Cochran. The evolution of the corporate social performance model. Academy of Management Review, 1985,10(4):758.

33. Williamson, Oliver E. Transaction-cost economics: the governance of contractual relations. Journal of Law and Economics,1979,XXII(2): 233 -261.

34. Zucker,L. G. Production of trust: institutional sources of economicstructure, 1840 -1920 . Research in Organizational Behavior, 1986, 8 :53 -111.

35. 白重恩,刘俏,陆洲等. 中国上市公司治理结构的实证研究[J]. 经济研究,2005 (2):81 -91.

36. 蔡宁,李建升,李巍. 实现企业社会责任:机制构建及其作用分析[J]. 浙江大学学报:人文社会科学版,2008(7): 128 -135.

37. 曹洪彬. 我国捐赠的公共经济学分析. 厦门大学博士学位论文,2006.6.

38. 陈冬华. 地方政府、公司治理与补贴收入——来自我国证券市场的经验证据[J]. 财经研究,2003(9):15 -21.

39. 陈宏辉,贾生华. 企业社会责任观的演进与发展: 基于综合性社会契约的理解[J]. 中国工业经济,2003(12): 85 -92.

40. 陈信元,黄俊. 政府干预、多元化经营与公司业绩[J]. 管理世界,2007(1):92 -97.

41. 陈政. 上市公司社会责任报告解读与完善建议[J]. 证券市场导报,2007(8): 28 -33.

42. 高汉祥. 价值创造视角下的公司治理分析[J]. 当代经济科学,2009

(5): 98 - 103.

43. 高文亮,张正勇. 中外企业社会责任报告信息披露比较[J]. 证券市场导报,2011(1):61 - 65.

44. 郭凤志. 价值、价值观念、价值观概念辨析[J]. 东北师大学报:哲学社会科学版,2003(6):41 - 46.

45. 郭沛源等. 中国企业可持续发展报告研究——价值发现之旅[R]. 商道纵横,2008: 3 - 9.

46. 何威风. 企业社会责任与财务治理——来自西子联合控股有限公司的案例分析[J]. 财务与会计,2009(18): 26 - 28.

47. 黄敏学,李小玲,朱华伟. 企业被"逼捐"现象的剖析:是大众"无理"还是企业"无良"?[J]. 管理世界,2008(10): 115 - 126.

48. 黄渝祥等. 股权制衡与公司治理研究[J]. 同济大学学报:自然科学版,2003(9): 1103 - 1116.

49. 姜梦琼. 企业社会责任视角下的公司治理[J]. 中国商贸,2010(17): 55 - 56.

50. 蒋琰. 论以投资者保护为出发点的公司治理结构选择[J]. 当代财经,2004(3): 63 - 67.

51. 金玉国. 日本对企业社会责任的计量评估[J]. 外国经济与管理,1992(5): 25 - 26.

52. 况志华,叶浩生. 西方学界关于责任起源的三种构想及其比较[J]. 教育研究与实验,2007(4): 53 - 58.

53. 况志华,叶浩生. 论责任拒绝现象的形成机制及其预防[J]. 南京理工大学学报:社会科学版,2008(12): 88 - 92.

54. 李淑英. 企业社会责任: 概念界定、范围及特质[J]. 哲学动态,2007(4): 41 - 46.

55. 李维安. 公司治理[M]. 天津: 南开大学出版社,2001.

56. 李维安,唐跃军. 上市公司利益相关者治理机制、治理指数与企业业绩[J]. 管理世界,2005(9): 127 - 136.

57. 李心合. 内部控制: 从财务报告导向到价值创造导向[J]. 会计研究,2007(4): 54 - 60.

58. 李心合. 嵌入社会责任与扩展公司财务理论[J]. 会计研究,2009(1): 66 - 73.

59. 林钟高,程慧慧. 价值创造目标下的公司治理与内部控制[J]. 财会月刊,2007(12):40-42.

60. 刘金石,王贵.公司治理理论:异同探源、评介与比较[J].经济学动态,2011(5):80-85.

61. 刘俊海.金融危机的法律防范[J].中国法学,1999(2):100-110.

62. 刘银国,朱龙.公司治理与企业价值的实证研究[J].管理评论,2011(2):45-52.

63. 刘友金,徐尚昆,田银华.集群中的企业信任机制研究——基于种群互相回报式合作行为博弈模型的分析[J].中国工业经济,2007(11):56-63.

64. 龙新民,陈湘满,张萤.西方公共产品私人提供试验研究最新进展[J].湘潭大学学报,2006(9):53-57.

65. 卢代富.国外企业社会责任界说述评[J].现代法学,2001(3):137-144.

66. 罗福凯.财务理论的内在逻辑与价值创造[J].会计研究,2003(3):23-27.

67. 罗培新.我国公司社会责任的司法裁判困境及若干解决思路[J].法学,2007(12):66-73.

68. 马连福,赵颖.上市公司社会责任信息披露影响因素研究[J].证券市场导报,2007(3):4-9.

69. 满河军.三种否定企业社会责任观点辨析[J].理论探索,2007(4):60-62.

70. 聂辉华.契约不完全一定导致投资无效率吗?——一个带有不对称信息的敲竹杠模型[J].经济研究,2008(2):132-143.

71. 任翠玉.对公司治理与管理控制的再认识——基于公司价值创造模型的研究[J].价格理论与实践,2006(6):72-73.

72. 山立威,甘犁,郑涛.公司捐款与经济动机——汶川地震后中国上市公司捐款的实证研究[J].经济研究,2008(11):51-61.

73. 沈洪涛.21世纪的公司社会责任思想主流——公司公民研究综述[J].外国经济与管理,2006(8):1-9.

74. 沈洪涛.公司特征与公司社会责任信息披露——来自我国上市公司的经验证据[J].2007(3):9-16.

75. 沈洪涛,沈艺峰.公司社会责任思想——起源与演变[M] 上海世纪出版集团,2007.

76. 沈洪涛,李余晓璐.我国重污染行业上市公司环境信息披露现状分析[J].证券市场导报,2010(6):51-57.

77. 沈洪涛,沈艺峰.公司治理理论的现代演变——从股东利益最大化到相关利益者理论[J].经济经纬,2008(6):108-111.

78. 宋建波,李爱华.企业社会责任的公司治理因素研究[J].财经问题研究,2010(5):23-29.

79. 孙伟平.社会责任:企业内在的价值诉求[J].哲学动态,2009(7):52-58.

80. 汤谷良,林长泉.打造VBM框架下的价值型财务管理模式[J].会计研究,2003(12):23-27.

81. 王玲.基于博弈论的供应链信任产生机理与治理机制[J].软科学,2010(2):56-59.

82. 王阳.基于社会责任的公司治理模式重塑[J].西北师大学报:社会科学版,2009(1):119-124.

83. 王玉樑.当代中国价值哲学[M].北京:人民出版社,2004.

84. 吴向东.存在论的变革与价值概念的解释[J].学术研究,2011(3):1-5.

85. 席恒,李鼎新.公司治理的社会学分析:结构与功能[J].人文杂志,2002(2):72-79.

86. 夏立军,方铁强.政府控制、治理环境与公司价值——来自中国证券市场的经验证据[J].经济研究,2005(5):40-51.

87. 肖作平,杨娇.公司治理对公司社会责任的影响分析——来自中国上市公司的经验证据[J].证券市场导报,2011(6):34-40.

88. 谢文武.公司治理环境对企业社会责任的影响分析[J].现代财经,2011(1):91-97.

89. 徐尚昆,杨汝岱.企业社会责任概念范畴的归纳性分析[J].中国工业经济,2007(5):71-79.

90. 杨丹.中级财务管理[M].大连:东北财经大学出版社,2010.

91. 杨瑞龙,聂辉华.不完全契约理论:一个综述.经济研究[J],2006(2):104-115.

92. 杨瑞龙,胡琴.企业存在原因的重新思考[J].江苏社会科学,2000(1):1-7.

93. 杨瑞龙、周业安.企业共同治理的经济学分析[M].北京:经济科学出版社,2001.

94. 俞吾金.物、价值、时间和自由——马克思哲学体系核心概念探析[J].哲学研究,2004(11):3-10.

95. 郁建兴.关于马克思价值概念的商榷[J].哲学研究,1996(8):40-47.

96. 韵江,高良谋. 公司治理、组织能力和社会责任——基于整合与协同演化的视角[J]. 中国工业经济,2005(11):103 - 110.

97. 曾小青,张恭杰. 论公司治理与社会责任[J]. 中南财经政法大学学报,2009(1):124 - 128.

98. 张建君,张志学. 中国民营企业家的政治战略[J]. 管理世界,2005(7):94 - 105.

99. 张守一. 对规范经济学与实证经济学评论[J]. 经济学动态,2009(9):36 - 40.

100. 张维迎. 所有制、治理结构及委托—代理关系[J]. 经济研究,1996(9):3 - 15.

101. 张先治,甄红线. 基于价值的公司治理——股东价值与利益相关者价值的比较[J]. 财经问题研究,2006(6):31 - 36.

102. 张兆国,赵寿文,刘晓霞. 公司治理研究的新发展:公司社会责任[J]. 武汉大学学报:哲学社会科学版,2008(5):631 - 635.

103. 郑红亮,王凤彬. 中国公司治理结构改革研究:一个理论综述[J]. 管理世界,2000(3):119 - 125.

104. 郑书耀. 准公共物品私人供给研究. 辽宁大学博士学位论文,2007. 5.

105. 钟宏武. 企业捐赠作用的综合解析[J]. 中国工业经济,2007(2):75 - 83.

106. 朱富强. 整体主义还是个体主义? ——经济学中两大认知观的历史演化与现实反思[J]. 改革与战略,2009(10):11 - 16.

107. 朱红军,汪辉. "股权制衡"可以改善公司治理吗? ——宏智科技股份有限公司控制权之争的案例研究[J]. 管理世界,2004(10):114 - 123.

108. 朱金凤,杨秀强. 我国企业社会责任报告解读与评析[J]. 财会月刊,2008(5):69 - 70.

109. 佐藤孝弘. 社会责任对公司治理的影响——美国、日本、德国的比较[J]. 东北大学学报:社会科学版,2009(5):436 - 442.